바람공방의 마음에 드는 니트

바람공방 지음 | 남궁가윤 옮김

한스미디어

손뜨개를 좋아하는 사람이라면 계절을 가리지 않고 한여름에도 겨울용 실로 뜨개를 즐기겠지만 서늘한 바람이 불기 시작하면 손뜨개를 하고 싶은 마음이 한층 더 강해지지요.

올해는 어떤 실로 뭘 뜰지 생각하는 시간도 아까워서 나도 모르게 눈앞에 있는 실로 기초코를 잡았습니다. 우선 메리야스뜨기를 하고, 실과 맞는 무늬를 골라 시험뜨기를 합니다. 좋아하는 실을 고르고 좋아하는 색을 골라 좋아하는 무늬를 조합해봅니다. 그렇게 생각해낸 것이 조금씩 형태를 이루고 작품으로 완성되었을 때의 만족감은 이루 말할 수 없답니다.

뜨개코가 가지런하지 않아도, 무늬가 좀 틀려도 괜찮아요. 즐겁게 떠서 입을 수 있다면 정말 기쁘니까요.

바람공방

contents

p.4　　**A** 줄무늬 풀오버
p.6　　**B** 보틀넥 풀오버
p.8　　**C** 코위찬 숄칼라 조끼
p.10　**D** 톱다운 카디건
p.12　**E** 짧은 조끼
p.14　**F** 레드 헴 라인 래글런 풀오버
p.16　**G** 아란무늬 카디건
p.18　**H** 로피풍 카디건
p.20　**I** 멍석뜨기 코트
p.22　**J** 페어 아일 카디건
p.25　**K** 페어 아일 암 워머
p.26　**L** 리버시블 스누드
p.27　**M** 나무무늬 모자
p.28　**N** 변형 스톨
p.30　**O** 버블스티치 넥 워머
p.31　**P** 리브뜨기 베레모
p.32　**Q** 줄무늬 머플러
p.34　**R** 삼각 손모아장갑
p.36　**S** 아가일 양말
p.37　이 책에서 사용한 실
p.38　니팅 가이드
p.92　뜨개를 시작하기 전에
p.92　기초 테크닉

A 줄무늬 풀오버

How to make **p.68**

Yarn/DARUMA 랑부예메리노 울

어깨선은 내려와 있지만, 몸판 너비가 지나치게 넓지 않아서 늘씬한 실루엣의 스웨터. 바스크 셔츠 스타일의 가는 줄무늬는 검정으로 해 세련된 느낌을 주었습니다. 목둘레와 소맷부리는 가터뜨기로 마무리했어요. 신축성이 있고 보풀이 적은 울을 고른 덕분에 티셔츠 같은 느낌으로 입을 수 있습니다.

B 보틀넥 풀오버
How to make **p.65**
Yarn/DARUMA 셰틀랜드 울

몸판은 돌려뜨기로 뜬 다이아몬드무늬 디자인을 선택해 밑단부터 뜨면서 보틀넥까지 무늬를 넣었습니다. 래글런선은 다이아몬드 무늬에 맞춰서 코를 줄이는 게 포인트입니다. 소매의 세로 라인은 벌집무늬를 한 줄 넣어서 만들었습니다. 살짝 거친 느낌이 드는 영국 스타일의 방모사(Woolen)로 무늬를 살렸습니다.

C 코위찬 솔칼라 조끼

How to make　**p.54**

Yarn/하마나카 소노모노 그랑

안면에서 실이 건너가지 않도록 감싸서 뜨는 코위찬 조끼. 색과 이미지는 남기면서도 일부러 전통적인 무늬 대신 무난하고 차분한 무늬로 골랐습니다. 코위찬과 느낌이 가까운 초극태사인 로빙사(Roving yarn)로 뜨면 콧수와 단수가 적어서 의외로 금방 작업할 수 있습니다. 앞·뒤판을 이어서 뜨는 방식으로 해 옆선 잇기를 없애고, 어깨를 겉면에서 이어 안에 배기는 것 없이 편히 입을 수 있습니다.

D 톱다운 카디건

How to make p.71

Yarn/ROWAN Felted Tweed

카디건이지만 좁은 앞여밈단에 단추를 촘촘하게 달아서 스웨터 같은 느낌으로 만들었습니다. 톱다운 방식으로 떠서 잇기는 필요 없지만 래글런선의 케이블이나 뒤중심과 옆선의 걸뜨기 1코 라인이 심지처럼 보이는 효과를 줍니다. 트위드 실로 안메리야스뜨기를 하면 보이는 보풀이 귀여운 느낌을 줍니다.

E 짧은 조끼
How to make   **p.74**

Yarn/하마나카 소노모노 로열 알파카

흔하지 않은 로열 알파카 실로 떠서 감촉이 좋은 조끼입니다. 가늘고 둥근 끈 모양의 실(릴리 얀)이라서 전체를 벌집무늬로 해도 가볍고 차분한 느낌이 납니다. 벌집무늬 두께에 맞춰 칼라, 밑단, 소맷부리는 두 겹입니다. 살짝 짧은 길이가 매력이에요.

F 레드 헴 라인 래글런 풀오버

How to make p.81

Yarn/리치모어 캐시미어

고급스러운 캐시미어 실은 가볍고 따스해서 입고 있으면 편안합니다. 메리야스뜨기로 주로 만들지만, 여기에서는 일부러 테트라포드 같은 무늬를 넣어봤습니다. 멜란지그레이 풀오버에 선명한 붉은색을 악센트로 삼아서 캐주얼한 분위기로 마무리했습니다. 조금 긴 듯한 소매는 접어서 입어도 예쁘답니다.

G 아란무늬 카디건
How to make p.76

Yarn/DARUMA 체비엇 울

앞뒤가 전혀 다른 느낌의 카디건입니다. 앞판은 벌집무늬와 케이블 사이에 돌려뜨기 1코 라인을 넣어서 줄무늬 느낌의 뜨개바탕으로 만들었습니다. 뒤판은 다이아몬드무늬를 꽉 차게 넣었고요. 소매의 벌집무늬를 견장처럼 어깨까지 넣어서 팔이 길고 예뻐 보입니다. 옆면의 1코 2단 멍석무늬 덕분에 팔을 잘 움직일 수 있습니다. 아란무늬는 취향에 맞게 무늬를 조합할 수 있어 즐거워요.

H 로피풍 카디건
How to make　**p.57**
Yarn/퍼피 브리티시 에로이카

둥근 요크가 들어간 로피(Ropy) 스타일은 스웨터로 주로 뜨지만, 살짝 두께가 있어서 따스하므로 입고 벗기 쉬운 카디건이 편리합니다. 단추는 반질거리는 뒷면을 일부러 겉으로 보이게 달았습니다. 초록 멜란지가 마음에 들어서 그 부분을 베이스로 삼고 배색을 생각했습니다. 지그재그무늬만 계속 시험뜨기해보고 그중에서 선택했지요. 배색은 사람마다 고르는 색이 달라서 재미있답니다. 전 이런 색을 골랐지만 각자 취향에 맞는 색을 골라서 떠보세요.

I 멍석뜨기 코트
How to make **p.84**

Yarn/ROWAN Tweed Haze

20대 전반에 떠서 애용했던 든든한 멍석뜨기 코트를 요즘에 맞게 떠봤습니다. 멍석뜨기는 단수가 많아지므로 길이가 긴 코트라도 무겁지 않도록 굵으면서도 가벼운 모헤어를 골랐습니다. 모헤어는 가벼운 데다가 드레이프성이 있어서 코트를 걸쳤을 때 부드러우면서도 뜨개바탕이 축 늘어지지 않습니다. 모헤어를 멍석뜨기해 트위드 느낌을 살리고 직물 같은 질감으로 구현했습니다. 몸판 무게를 분산시키기 위해 어깨가 견장처럼 보이는 에폴레트소매로 디자인했습니다. 단춧구멍은 내지 않았고, 칼라는 몸판을 자연스럽게 접기만 했어요. 슬릿은 옆선을 다 잇지 않고 남겼습니다. 편하게 입을 수 있는 가벼운 코트로 참 좋아요.

J 페어 아일 카디건

How to make (과정 해설 사진 첨부)   **p.43**

Yarn/퍼피 브리티시 파인

총 26색을 배색했습니다. 페어 아일(Fair isle)은 브리티시 트래디셔널이라는 느낌이 있는데, 요즘은 다양한 색의 페어 아일을 볼 수 있어서 이 작품에는 네온핑크, 네온옐로, 네온오렌지를 악센트로 썼습니다. 색깔 수가 많아서 어떻게 뜨나 싶겠지만 뜨는 과정에서는 언제나 2색만 뜨면 됩니다. 원형뜨기로 떠서 나중에 스틱을 자르는 방법을 쓰므로 다 뜬 실은 과감하게 자릅니다. 끈기가 필요하지만 뜨는 방법은 의외로 단순합니다. 스틱도 구조만 알면 어렵지 않고요. 자개단추는 뒷면을 겉으로 보이게 달았습니다.

(안)

　배색은 좋다고 생각한 2색의 조합을 떠봅니다. 그 과정에서 자신의 취향이 드러납니다. 무늬를 어느 정도 알아볼 수 있도록 보색이나 반대색, 짙은 색에는 밝은색 등 이런 식으로 주로 배색하지만, 이 작품의 초록 부분은 동색 계열이라서 자연스럽게 어우러집니다. 그것도 전체 안에서 보면 효과적이죠. 그 부분만 보는 게 아니라 전체를 멀리서 살펴보고 균형감이 있으면 괜찮습니다. 색을 많이 봐서 눈이 피로할 때는 다음 날 다시 한번 보세요. 그러면 대체로 자신이 좋다고 느낀 직감이 틀리지 않는 게 재미있습니다.

K 페어 아일 암 워머

How to make　p.60

Yarn/퍼피 브리티시 파인

카디건을 뜨고 남은 자투리 실로 뜰 수 있는 암 워머 세트입니다. 소매 길이를 더해주듯이 카디건에 매치해보세요.
가장자리뜨기는 하지 않고 그냥 뜬 대로 두고 돌돌 말리게 해야 귀엽습니다. 엄지는 파란색 실로 떴습니다.

L 리버시블 스누드

How to make   **p.88**

Yarn/하마나카 소노모노 로열 알파카
하마나카 메리노 울 퍼

작품 E와 같은 벌집무늬를 원형뜨기하고 후반은 퍼 얀으로 뜨개바탕을 뜬 뒤 시작 부분과 끝부분을 잇습니다. 리버시블 스타일이라서 어느 쪽이 겉면이든 좋고 두 겹으로 둘러도 좋습니다. 양쪽 다 감촉이 좋답니다.

M 나무무늬 모자

How to make p.62

Yarn/하마나카 소노모노 알파카 울 '병태'

알파카다운 색을 골라서 뜬 모자에 나무무늬를 9개 넣었습니다. 무늬뜨기는 배색실(미색)을 아래로 가게 해 실을 넘기면 무늬가 예쁘게 드러납니다. 접어서 쓰는 부분의 고무뜨기부터 뜨기 시작해 메리야스뜨기로 바꿀 때 안면으로 뒤집어서 고무뜨기 안면을 보며 뜹니다. 모자 가장자리를 접었을 때 기초코 겉면이 보이게 하기 위한 팁입니다.

N 변형 스톨

How to make **p.88**

Yarn/리치모어 엑설런트 모헤어 '카운트10'

부드러운 슈퍼 키드 모헤어(Super kid mohair)를 두 겹으로 떴습니다. 그레이 끝부터 2단마다 '1코 줄이고 2코 늘이기'를 반복해 가터뜨기 삼각형을 만들었습니다. 이어서 베이지로 스캘럽 비침무늬를 떴고요. 가장자리뜨기가 필요없고, 변형한 작품이라서 아무 데서나 끝마쳐도 괜찮습니다. 자연스럽게 둘러도 멋진 모양이 나오는 스톨입니다.

O 버블스티치 넥 워머

How to make   **p.90**

Yarn/리치모어 캐시미어 그레이스

목둘레를 따스하게 해주는 넥 워머는 밖에서는 물론이고 집에서도 요긴합니다. 버블스티치(구슬뜨기)는 끌어올려뜨기만 해서 쉽게 만들 수 있어요. 덕분에 뜨개바탕에 느낌이 생겨서 재미있지요. 부드럽고 굵은 캐시미어 실을 골라 잘 늘어지는 넥 워머를 떠보세요.

P 리브뜨기 베레모

How to make　p.87

Yarn/퍼피 셰틀랜드

추위 보이지 않는 밀크화이트 색깔을 골라서 멋진 겨울용 흰 베레모를 떴습니다. 돌려뜨기로 리브를 또렷하게 했고, 톱 부분은 십각형으로 마무리했습니다. 모자 입구는 두 겹으로 메리야스뜨기를 해서 머리에 딱 붙는 느낌이 좋고, 베레모 모양을 유지하는 데 도움이 됩니다.

Q 줄무늬 머플러
How to make　**p.56**
Yarn/DARUMA 공기 품은 울 알파카

가터뜨기와 1코 멍석뜨기로 4색을 사용해 뜬 다음 가로의 가는 너비와 굵은 너비의 줄무늬에 더해 세로 라인도 효과를 살렸습니다. 2색씩 줄무늬를 이루는데 색 조합에 따라 다르게 보여서 재미있어요. 다음 단에서 색을 바꿔 뜰 때 돌리듯이 실을 들어 올려 가장자리를 깔끔하게 처리했습니다.

R 삼각 손모아장갑
How to make **p.64**

Yarn/퍼피 브리티시 파인

매직 루프로 뜨는 장갑은 작은 격자무늬 배색을 안팎으로 반전해서 네거티브 필름 같은 효과를 주었습니다. 줄무늬 엄지 부분을 옆선에 단 덕분에 어느 면이 겉면이든 상관없습니다. 그날그날의 기분에 맞춰서 끼어보세요.

35

S 아가일 양말

How to make　**p.90**

Yarn/ROWAN Sock

기초코는 주디스 매직 코잡기를 이용했습니다. 발끝부터 뜨면 발을 넣어서 자기 사이즈에 맞춰 조정하기 쉽고, 길이를 줄이는 작업도 간단합니다. 발등 쪽에는 아가일무늬를 넣고 발바닥 쪽은 늘어나지 않도록 리브로 처리했습니다. 초록 계열의 부드러운 그러데이션이 들어간 양말용 실을 골랐답니다.

이 책에서 사용한 실

실 사진은 실물 크기입니다. 제조사 사정에 따라 단종되는 색이 있을 수도 있습니다.

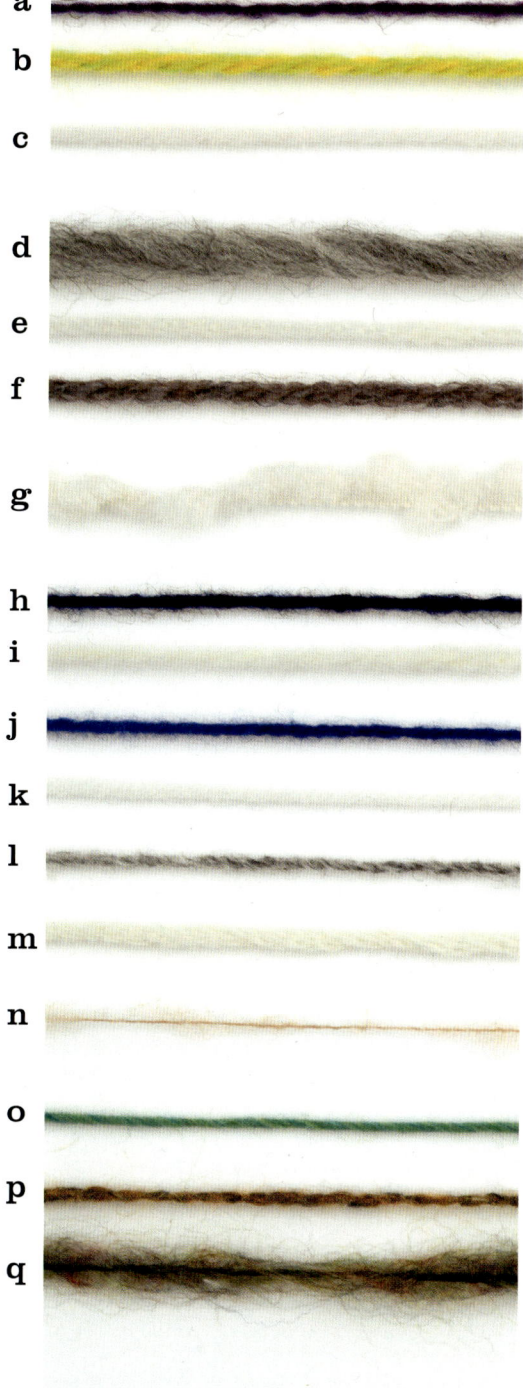

a
퍼피 브리티시 파인
울 100%
25g 1볼(약 116m)
대바늘 3~5호

b
퍼피 브리티시 에로이카
울 100%(브리티시 양모 50% 이상)
50g 1볼(약 83m)
대바늘 8~10호

c
퍼피 셰틀랜드
브리티시 양모 100%
40g 1볼(약 90m)
대바늘 5~7호

d
하마나카 소노모노 그랑
울 80%, 알파카 20%
50g 1볼(약 50m)
대바늘 15호~8mm

e
하마나카 소노모노 로열 알파카
로열 베이비 알파카 100%
25g 1볼(약 105m)
대바늘 7~8호

f
하마나카 소노모노 알파카 울 '병태'
울 60%, 알파카 40%
40g 1볼(약 92m)
대바늘 6~8호

g
하마나카 메리노 울 퍼
메리노 울 95%, 나일론 5%
50g 1볼(약 78m)
대바늘 6~8호

h
DARUMA 셰틀랜드 울
셰틀랜드 울 100%
50g 1볼(약 136m)
대바늘 5~7호

i
DARUMA 체비엇 울
체비엇 울 100%
50g 1볼(약 92m)
대바늘 7~8호

j
DARUMA 공기 품은 울 알파카
메리노 울 80%
로열 베이비 알파카 20%
30g 1볼(약 100m)
대바늘 5~7호

k
DARUMA 랑부예메리노 울
랑부예메리노 울 100%
50g 1볼(약 145m)
대바늘 4~6호

l
리치모어 캐시미어
캐시미어 100%
20g 1볼(약 92m)
대바늘 5~6호

m
리치모어 캐시미어 그레이스
캐시미어 100%
20g 1볼(약 44m)
대바늘 7~8호

n
리치모어 엑설런트 모헤어 '카운트10'
모(슈퍼 키드 모헤어 71%, 램 울 5%) 76%
나일론 24%
20g 1볼(약 200m)
대바늘 6~8호(두 겹)

o
ROWAN Sock
울 75%, 나일론 25%
100g 1볼(약 400m)
대바늘 1~2호

p
ROWAN Felted Tweed
울 50%, 알파카 25%, 레이온 25%
50g 1볼(약 175m)
대바늘 5~7호

q
ROWAN Tweed Haze
모헤어 40%, 알파카 39%, 나일론 10%
면 8%, 폴리에스테르 3%
50g 1볼(약 120m)
대바늘 13호

니팅 가이드

○ 독일식 경사뜨기

'독일식 되돌아뜨기(German's short row)'라고도 부릅니다. 뜨개바탕에 구멍이 생기지 않으며 간단히 뜰 수 있습니다.

【예】
5코평
2-5-3 되돌아뜨기
단 코 회

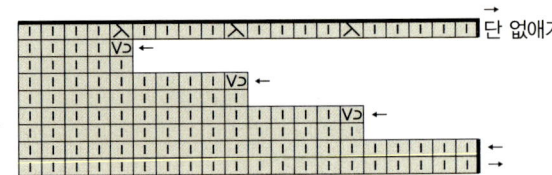

[오른쪽 처짐일 때(겉뜨기로 하는 방법)]

1 안면을 보고 뜨는 단에서 5코를 남기고 뜹니다

2 겉면으로 돌려서 뜨개실을 앞쪽으로 오게 한 뒤 뜨지 않고 1코를 옮깁니다.

3 실을 위쪽 방향으로 당깁니다.

4 앞단의 실이 2가닥 감긴 상태가 됩니다. 그대로 뜨개실을 뒤쪽으로 돌립니다.

단 없애기 ※알아보기 쉽게 실 색깔을 바꿨습니다.

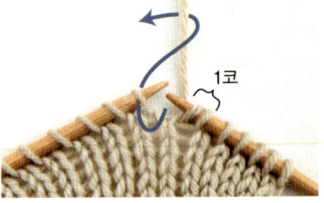   

5 감긴 2가닥을 1코로 셉니다. 뜨개 도안대로 뜹니다.

6 1~5를 반복합니다.

7 감긴 실 2가닥을 왼코 겹쳐 2코 모아 안뜨기합니다.

8 단 없애기를 완성했습니다.

【예】
5코평
2-5-3 되돌아뜨기
단 코 회

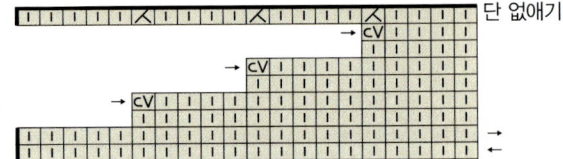

[왼쪽 처짐일 때(안뜨기로 하는 방법)]

1 겉면을 보고 뜨는 단에서 5코를 남기고 뜹니다.

2 안면으로 돌려서 뜨개실을 앞쪽으로 오게 한 뒤에 뜨지 않고 1코를 옮깁니다.

3 실을 위쪽 방향으로 당깁니다.

4 앞단의 실이 2가닥 감긴 상태가 됩니다. 그대로 뜨개실을 뒤쪽으로 돌립니다.

단 없애기 ※알아보기 쉽게 실 색깔을 바꿨습니다.

5 감긴 2가닥을 1코로 셉니다. 뜨개 도안대로 계속합니다.

6 1~5를 반복합니다.

7 감긴 실 2가닥을 왼코 겹쳐 2코 모아뜨기합니다

8 단 없애기를 완성했습니다.

○ 매직 루프

매직 루프(Magic loop)는 80cm 이상 되는 줄바늘로 남는 코드 부분을 좌우로 당겨서 뜨는 방법입니다.

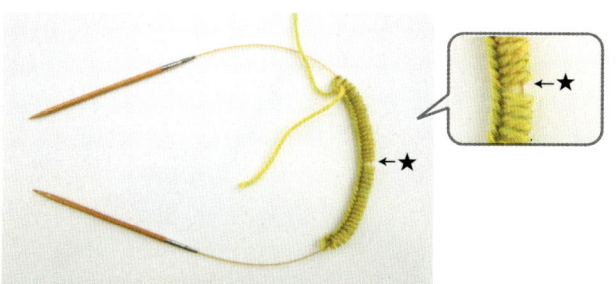 

1 기초코를 코드(줄) 부분까지 옮기고, 콧수를 거의 2등분으로 나눈 곳(★)에서 코드를 당겨서 뺍니다.

2 기초코를 2등분한 상태입니다. 반을 한쪽 바늘에 걸어 왼손에 쥐고, 나머지 반을 코드에 겁니다. 다른 한쪽 바늘을 끌어당겨서 오른손에 쥐고 뜹니다.

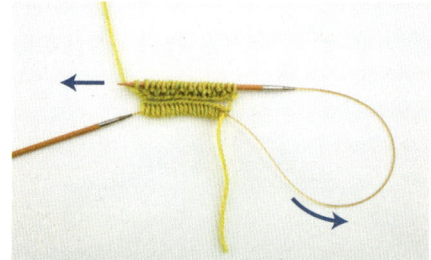  

3 왼바늘에 걸린 코를 모두 떴으면 코드를 당겨서 나머지 반의 코를 바늘에 걸고 다른 한쪽 바늘을 잡아 뺍니다.

4 코가 걸린 쪽의 바늘은 왼손에, 잡아 뺀 바늘은 오른손에 쥐고 뜹니다.

5 같은 방법으로 반복해 항상 반으로 나눈 코의 좌우에서 코드를 당기며 원형뜨기를 합니다.

○ 케이블 코잡기

신축성이 적은 케이블 코잡기(Cable Cast on)는 기초코가 단단합니다.

※ 작품 J(→p.43)에서 사용한 기법입니다. 알아보기 쉽도록 실을 바꿨습니다.

1 1번째 코는 일반적인 기초코와 같은 요령으로 바늘 1개에 고리를 만듭니다. 1번째 코에 바늘을 넣고 실을 걸어서 끌어냅니다.

2 끌어냈습니다. 오른바늘에 걸린 코를 당겨서 크게 늘입니다.

3 늘어난 코에 화살표처럼 왼바늘을 아래쪽에서 넣어 코를 옮깁니다.

4 실을 살짝 당겨서 조이면 2번째 코가 생깁니다. 1번째 코와 2번째 코 사이로 바늘을 넣고 실을 걸어 끌어냅니다.

5 끌어냈습니다. 오른바늘에 걸린 코를 당겨서 크게 늘입니다.

6 늘어난 코에 화살표처럼 왼바늘을 아래쪽에서 넣어 코를 옮깁니다.

7 실을 살짝 당겨서 조이면 3번째 코가 생깁니다. 같은 방법으로 코와 코 사이로 바늘을 넣고 실을 걸어서 끌어냅니다.

8 5~7을 반복해 필요한 콧수만큼 만듭니다.

○ 아이코드 코막음

뜨개 끝부분에 테두리처럼 줄을 만들면서 코막음하는 아이코드 코막음(I-cord Bind off)은 몸판 쪽 대바늘과 별개로 줄바늘이나 양 끝이 뾰족한 짧은 바늘 2개를 사용합니다.

※작품 I(→p.84)에서 사용한 기법입니다. 알아보기 쉽도록 실을 바꿨습니다.

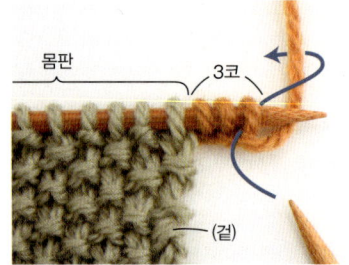

1 몸판의 뜨개 끝에서 감아코로 3코를 만들고, 겉면으로 돌립니다. 겉뜨기를 2코 뜹니다.

2 3번째 코는 몸판의 끝 코와 오른코 겹쳐 2코 모아뜨기합니다.

3 오른바늘을 화살표 방향으로 당겨서 반대쪽 바늘 끝에 3코를 옮기고 그대로 왼손에 쥡니다.

4 뜨개실을 오른쪽으로 넘기고 다른 바늘 하나로 겉뜨기를 2코 뜹니다.

5 3번째 코는 몸판의 끝 코와 오른코 겹쳐 2코 모아뜨기합니다. 3~5를 반복합니다.

6 도중에 몸판의 1코에서 2단을 주울 때는 직전에 주운 같은 코와 2코 모아뜨기합니다.

7 몸판의 모든 코를 주웠습니다.

8 마지막은 뜨개바탕을 안면으로 돌리고, 안면에서 코바늘을 이용해 덮어 씌워 코막음합니다.

9 실 끝은 뜨개바탕 안면에 통과시켜서 처리합니다.

○ 배색무늬뜨기의 바탕실과 배색실 위치

※작품 M(→p.62)으로 설명합니다.

이 책에서는 뜨개바탕 안면에 건너가는 실은 모두 바탕실이 위, 배색실이 아래로 가도록 떴지만, 뜨는 법이나 실이 당겨지는 상태에 따라 무늬의 모습도 달라질 수 있습니다. 시험뜨기를 해보고 깔끔한 방법을 선택합니다.

[바탕실을 위로 건넬 때]

겉면   안면

배색실이 바탕실과 섞이지 않아서 무늬가 또렷합니다.

[배색실을 위로 건넬 때]

겉면   안면

배색실이 바탕실과 섞여서 무늬가 또렷하지 않습니다.

○ 배색무늬뜨기의 실 거는 법

바탕실과 배색실을 각각 어떻게 손에 걸고 뜨는지 3가지 패턴을 소개합니다. 자신에게 알맞고 뜨기 쉬운 방법을 찾아보세요.

※작품 M(→p.62)으로 설명합니다.

왼손에 실 2가닥을 걸 때 이런 방법도 가능합니다!

바탕실을 뒤쪽에서 앞쪽으로 건 다음 배색실을 앞쪽에서 뒤쪽으로 겁니다.

검지 부분에서 실 2가닥이 교차합니다. 느슨해지지 않게 약지에도 걸어 둡니다.

[왼손에 실 2가닥을 건다(프랑스식)]

1 바탕실과 배색실을 사진처럼 왼손에 겁니다.

2 배색실로 뜰 때는 화살표처럼 바늘을 움직여서 실을 겁니다.

3 바탕실로 뜰 때는 배색실 위를 통과하듯이 바늘을 움직여서 실을 겁니다.

[오른손에 실 2가닥을 건다(미국식)]

1 바탕실과 배색실을 사진처럼 오른손에 겁니다.

2 배색실로 뜰 때는 화살표처럼 오른손을 움직여서 실을 겁니다.

3 바탕실로 뜰 때는 배색실 앞에서 바탕실을 들어 올려 실을 겁니다.

[양손에 1가닥씩 실을 건다]

1 바탕실은 오른손에, 배색실은 왼손에 겁니다.

2 배색실로 뜰 때는 화살표처럼 바늘을 움직여서 실을 겁니다(프랑스식).

3 바탕실로 뜰 때는 화살표처럼 오른손을 움직여서 실을 겁니다(미국식).

○ 주디스 매직 코잡기

양말의 기초코에 쓰는 주디스 매직 코잡기(Judy's Magic cast on)는 줄바늘을 사용합니다. 이 방법으로 기초코를 잡으면 발끝 부분에 이음매가 없어서 깔끔합니다.

※작품 S(→p.90)에서 사용한 기법입니다.

[1단]

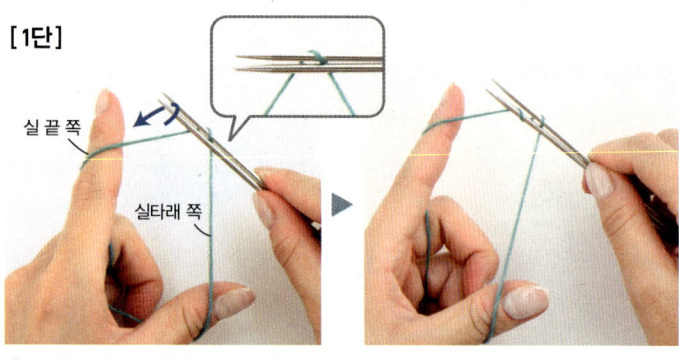
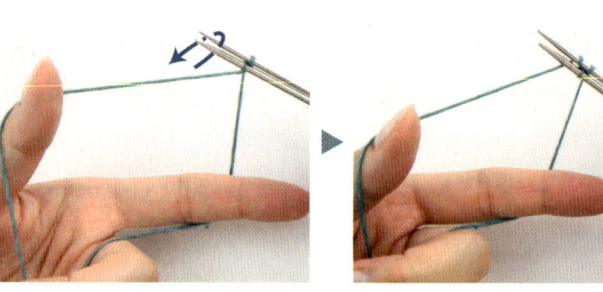

1 실 끝은 뜰 너비의 약 3배 길이만큼 남겨 두고, 줄바늘의 바늘 끝을 나란히 해 사진처럼 실을 겁니다. 검지에 실 끝, 엄지에 실타래 쪽 실을 걸고, 검지의 실을 화살표처럼 아래 바늘에 겁니다. 이제 첫 코를 떴습니다.

2 그대로 손바닥 쪽을 앞으로 향하게 하고, 엄지에 걸린 실을 화살표처럼 바늘과 바늘 사이에 통과시켜서 위쪽 바늘에 겁니다.

[2단]

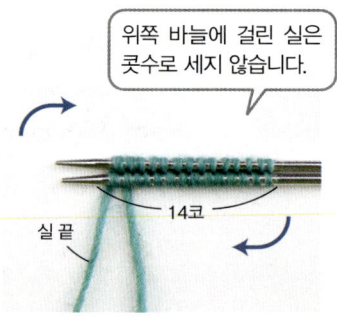
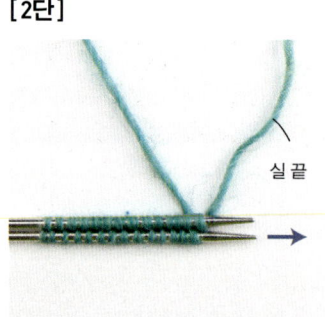

3 손등 쪽을 앞으로 향하게 하고, 검지에 걸린 실을 화살표처럼 아래쪽 바늘에 겁니다. 2번째 코를 완성했습니다. 2~3을 반복해 기초코 콧수의 반만큼 뜹니다.

4 기초코의 반(사진에서는 14코)을 떴습니다. 실 끝이 오른쪽 위에 오도록 180도 돌립니다. 위쪽 바늘에 걸린 실은 콧수로 세지 않습니다.

5 아래쪽 바늘을 화살표 방향으로 빼서 아래 코가 줄바늘의 코드에 걸린 상태로 만듭니다.

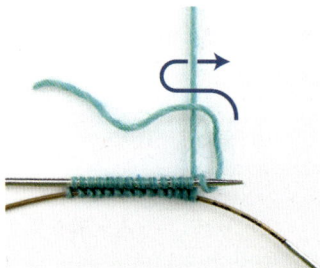
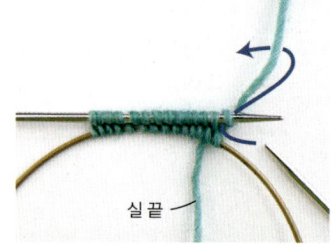
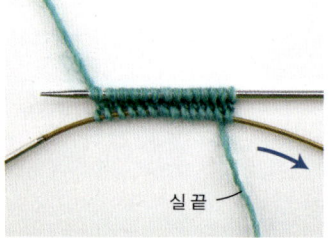

6 화살표처럼 실 끝을 실타래 쪽 실 위에 놓은 뒤에 이번에는 아래를 통과시켜서 내립니다.

7 빼낸 바늘을 오른손에 쥐고, 왼바늘에 걸린 코에 화살표처럼 넣어 겉뜨기를 합니다. 이것이 기초코의 나머지 반이 됩니다.

8 왼바늘에 걸린 코를 모두 떠서 기초코(1단)를 완성했습니다. 코드를 빼서 아래 코를 바늘에 겁니다.

9 다른 한쪽 바늘을 빼서 위쪽 코가 코드 부분에 걸린 상태로 만듭니다.

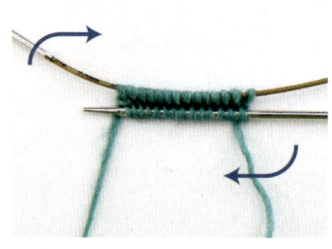
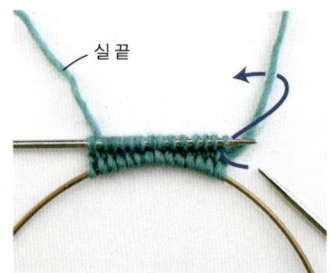
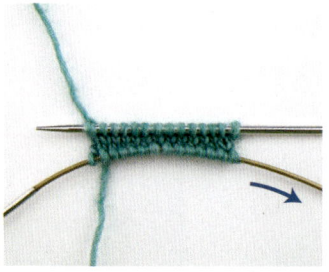
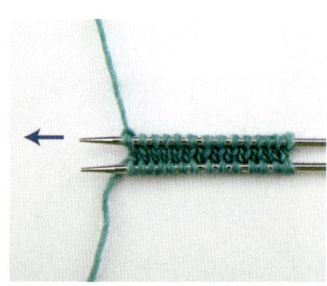

10 코드 부분의 코가 아래로 오도록 180도 돌립니다.

11 빼낸 바늘을 오른손에 쥐고, 화살표처럼 바늘을 넣어서 2단을 뜹니다.

12 왼바늘에 걸린 코를 모두 떠서 2단의 반을 떴습니다. 코드를 빼서 아래 코를 바늘에 겁니다.

13 9~12를 반복하면서 뜨개 도안대로 뜹니다.

22page J

[실]
퍼피 브리티시 파인
블루그레이 (64) 45g
그레이 (10) 35g
갈색 (37) 30g
밝은 연두 (91) 30g
진빨강 (4) 25g
보라 (27) 25g
모스그린 (34) 25g
라이트그레이 (19) 20g
황록색 (80) 20g
하늘색 (92) 20g
파랑 (7) 15g
겨자색 (35) 15g
진보라 (53) 15g
남색 (5) 10g
빨강 (13) 10g
카키색 (28) 10g
초록 (55) 10g
연한 파랑 (62) 10g
청록색 (63) 10g
금갈색 (65) 10g
진분홍 (68) 10g
라임색 (73) 10g
아이스블루 (74) 10g
네온핑크 (85) 10g
네온옐로 (86) 10g
네온오렌지 (87) 5g

[부재료]
단추(15mm)×7개

[도구]
줄바늘 3호, 2호, 1호
코바늘 2/0호(어깨 잇기용)

[게이지(가로세로 10cm)]
배색무늬뜨기 A·A' 33코×35단

[완성 치수]
가슴둘레 99cm, 어깨너비 40.5cm
전체 길이 62cm, 소매 길이 54cm

[뜨는 법]
(1) 케이블 코잡기로 기초코를 잡고 스틱을 뜨면서 배색 2코 고무뜨기로 밑단, 배색무늬뜨기 A로 앞·뒤판을 원형뜨기합니다. 도중에 주머니 위치에 별실을 넣어서 뜹니다.
(2) 어깨를 빼뜨기로 잇습니다.
(3) 진동둘레의 스틱을 잘라 앞·뒤판에서 코를 줍고, 스틱을 뜨면서 배색무늬뜨기 A'로 소매, 배색 2코 고무뜨기로 소맷부리를 원형뜨기하고 덮어씌워 코막음합니다.
(4) 앞중심의 스틱을 잘라 앞·뒤판에서 코를 줍고, 배색 2코 고무뜨기로 앞여밈단·칼라를 뜬 다음 덮어씌워 코막음합니다.
(5) 소매의 스틱을 자르고, 소매 옆선을 코와 단 잇기로 합니다.
(6) 스틱 가장자리를 처리합니다.
(7) 주머니 위치의 별실을 풀어서 코를 줍고, 배색 2코 고무뜨기로 주머니 입구, 메리야스뜨기로 안주머니를 뜬 뒤에 덮어씌워 코막음합니다.
(8) 주머니 입구 옆선을 떠서 꿰매기로 잇고, 안주머니를 겉면에서 표시 나지 않도록 감침질합니다.
(9) 단추를 답니다.

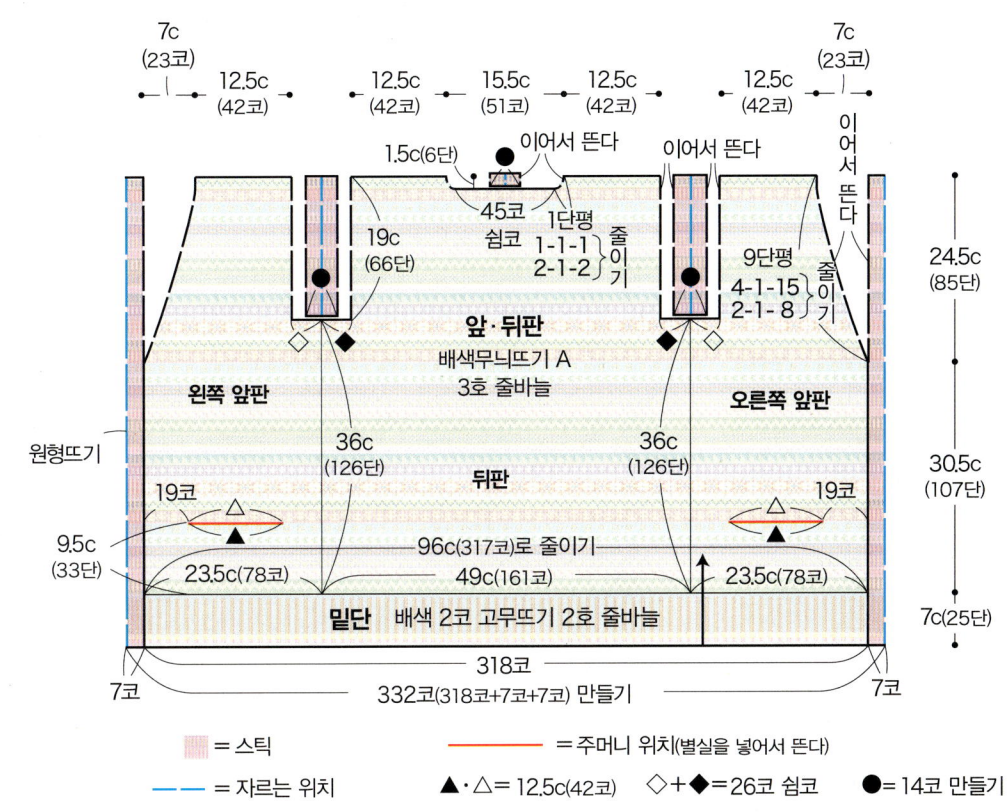

※ 44페이지로 이어집니다.

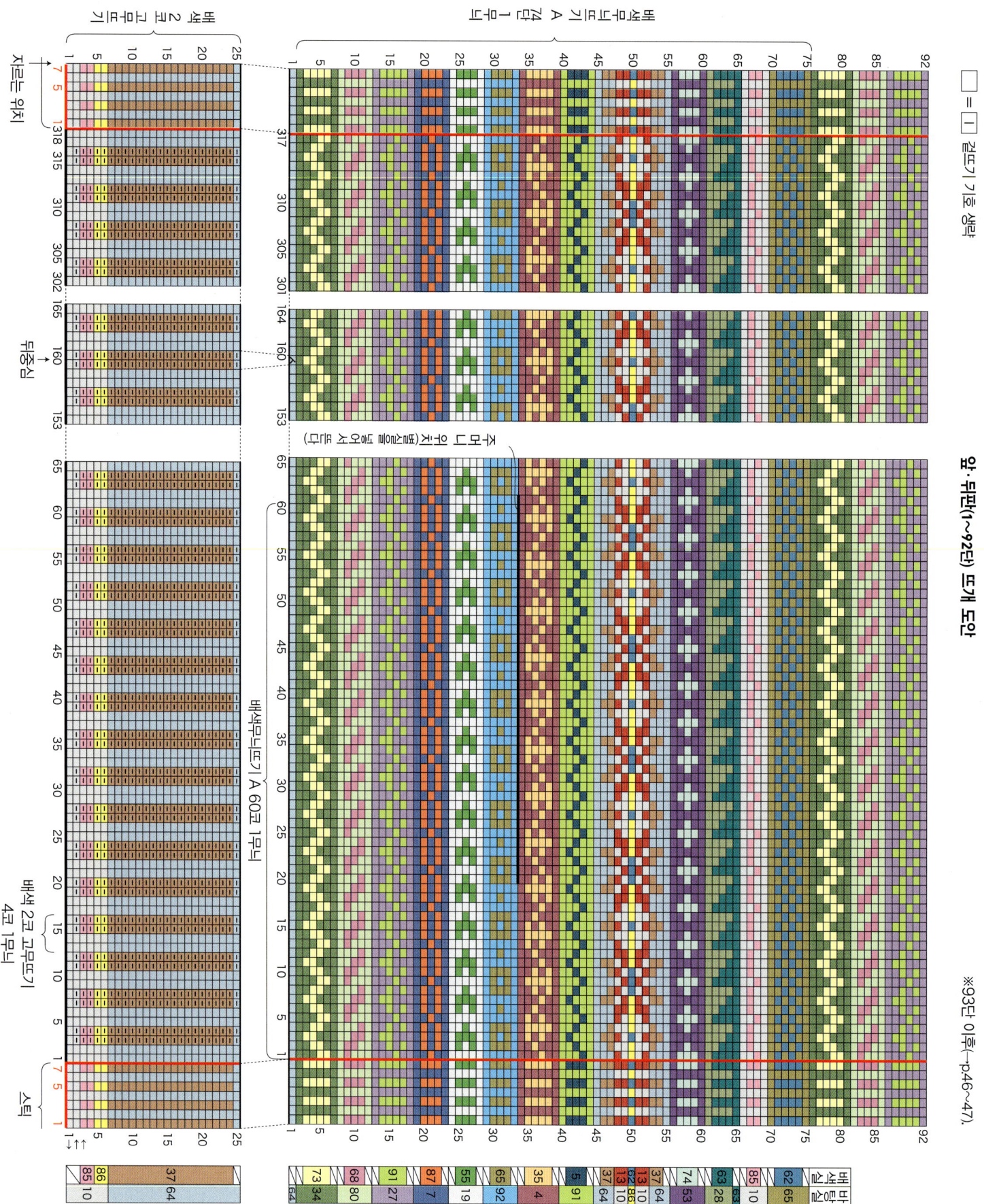

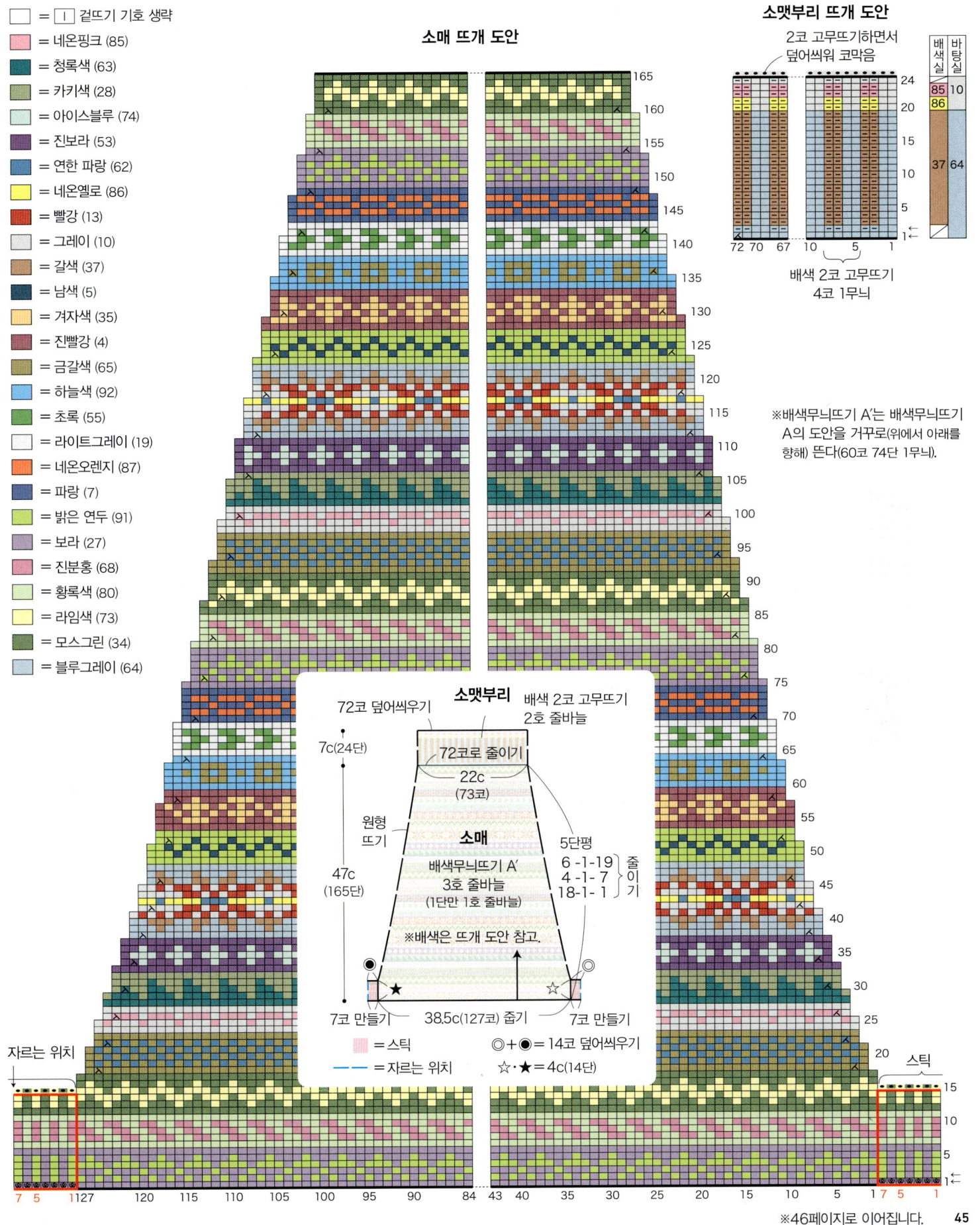

앞·뒤판(93단 이후) 뜨개 도안

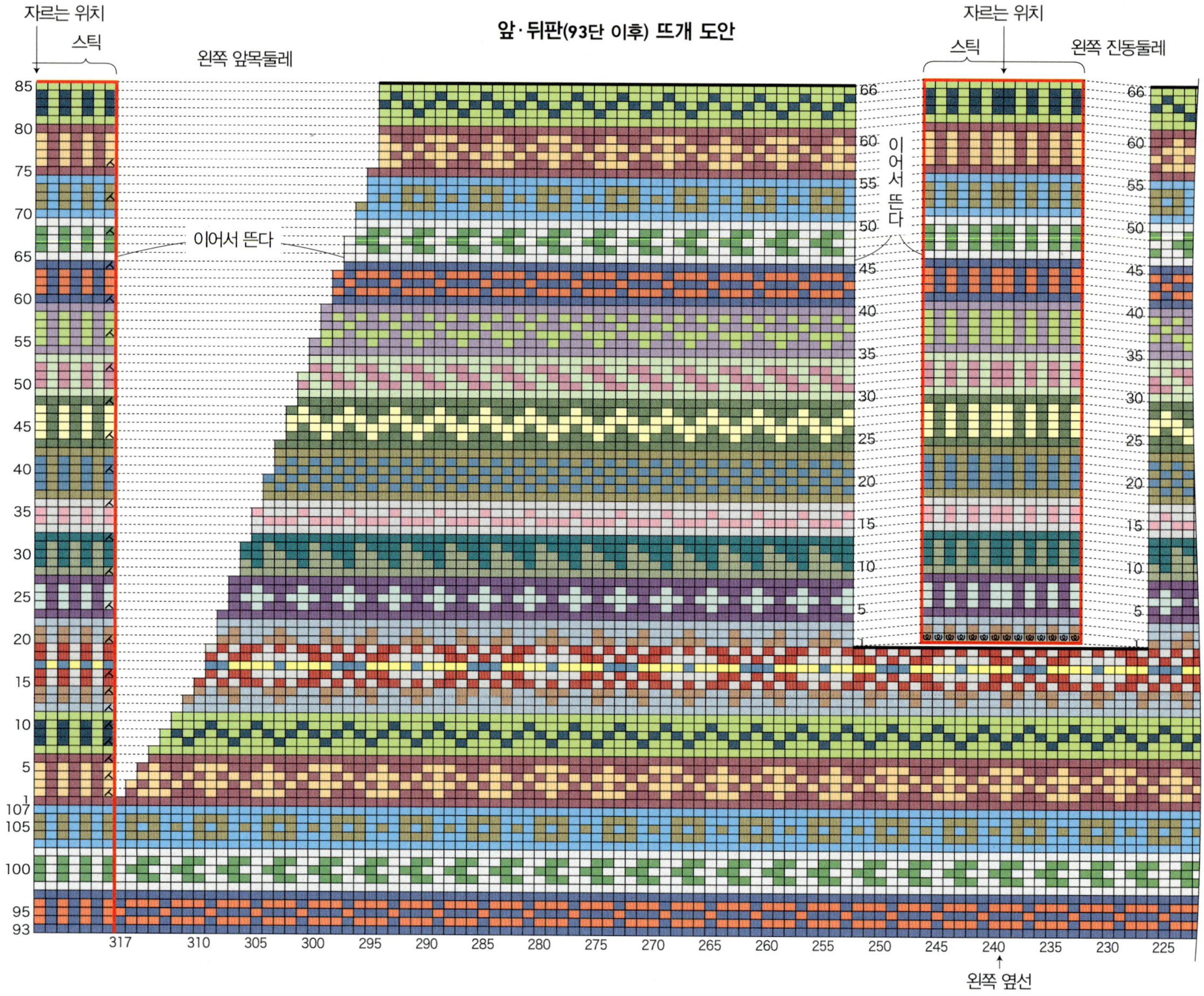

뒤목둘레 뜨개 도안

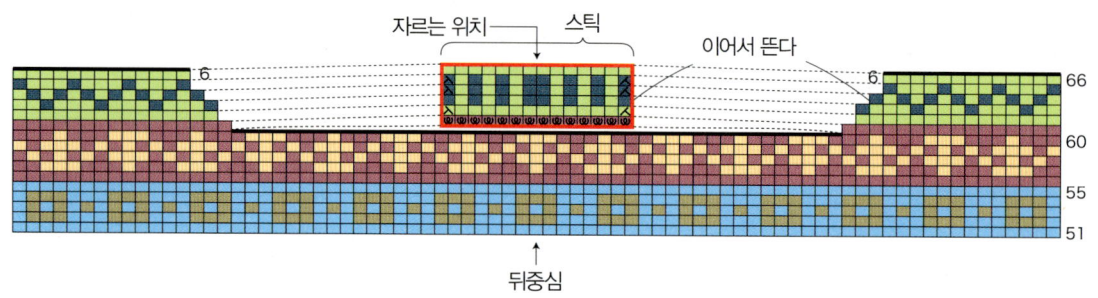

앞여밈단·칼라 뜨개 도안

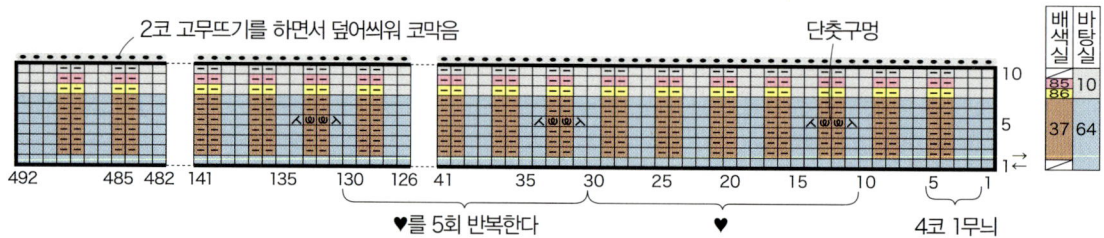

주머니 입구 뜨개 도안

안주머니 뜨개 도안

- □ = [I] 겉뜨기 기호 생략
- = 네온핑크 (85)
- = 청록색 (63)
- = 카키색 (28)
- = 아이스블루 (74)
- = 진보라 (53)
- = 연한 파랑 (62)
- = 네온옐로 (86)
- = 빨강 (13)
- = 그레이 (10)
- = 갈색 (37)
- = 남색 (5)
- = 겨자색 (35)
- = 진빨강 (4)
- = 금갈색 (65)
- = 하늘색 (92)
- = 초록 (55)
- = 라이트그레이 (19)
- = 네온오렌지 (87)
- = 파랑 (7)
- = 밝은 연두 (91)
- = 보라 (27)
- = 진분홍 (68)
- = 황록색 (80)
- = 라임색 (73)
- = 모스그린 (34)
- = 블루그레이 (64)

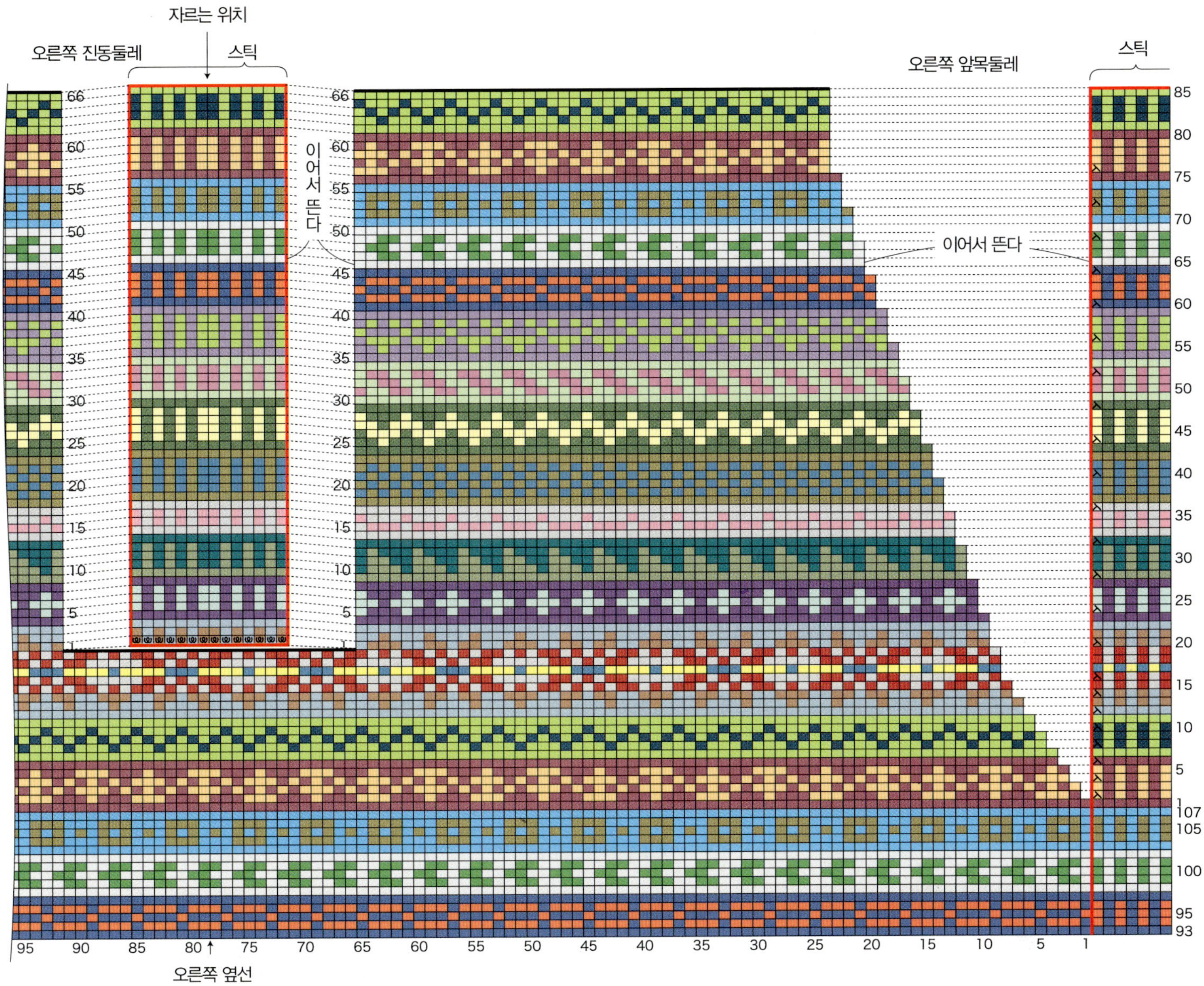

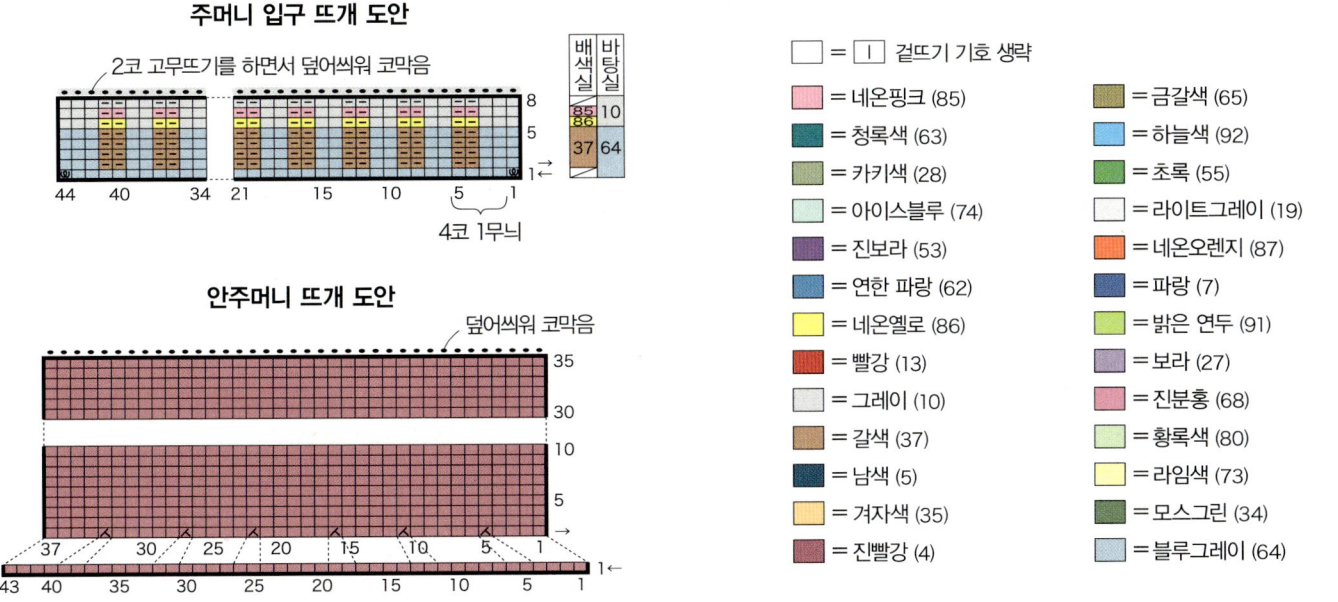

작품 J 페어 아일 카디건 뜨는 법

몸판의 진동둘레, 목둘레, 앞트임 부분에 스틱(Steeking, 시접)을 넣으면서 원형뜨기를 하고,
나중에 잘라서 벌리는 페어 아일 니팅(Fair isle knitting) 특유의 기법으로 뜹니다. 쭉 원통으로 뜨므로 언제나 뜨개바탕 겉면만 보면서 뜹니다.

○ 밑단을 뜬다

※제도와 뜨개 도안(→p.43~47).

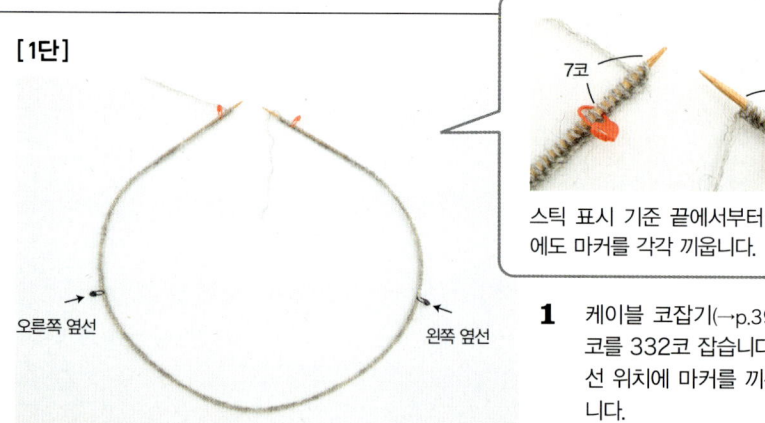
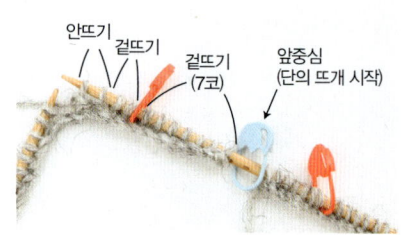

1 케이블 코잡기(→p.39)로 기초코를 332코 잡습니다. 좌우 옆선 위치에 마커를 끼워 표시합니다.

2 스틱 7코는 겉뜨기로 뜨고 2코 고무뜨기를 합니다. 앞중심(단의 뜨개 시작)에도 마커를 끼웁니다.

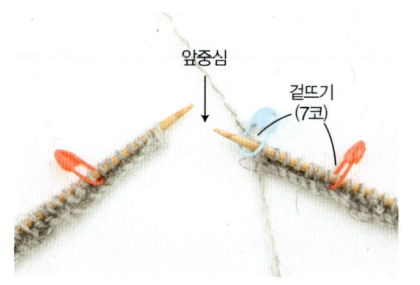

3 뜨개 끝의 스틱 7코도 겉뜨기합니다.

4 3단부터 배색실을 이어서 2색으로 원형뜨기를 합니다.

5 뜨개 시작과 뜨개 끝의 스틱 7코는 항상 겉뜨기합니다.

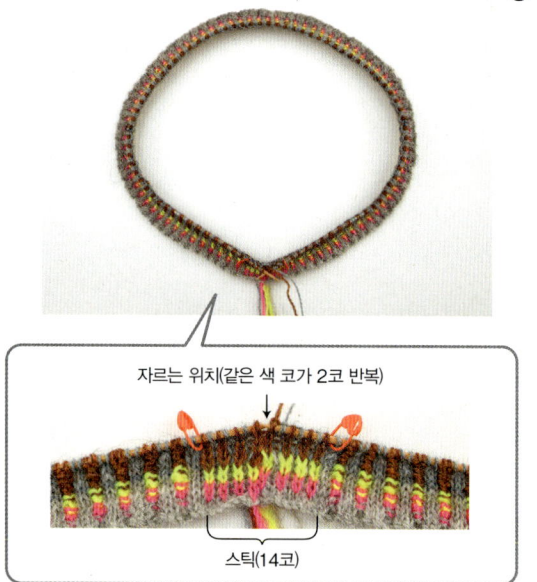

6 같은 방법으로 앞중심의 스틱을 뜨면서 원형뜨기를 합니다.

○ 앞·뒤판을 뜬다

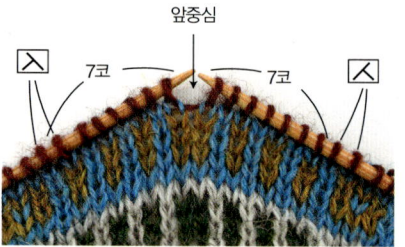
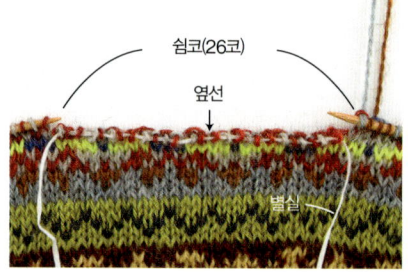

[앞목둘레(2단)]
앞목둘레의 코 줄이는 위치에서 각각 스틱의 가장자리 코와 앞목둘레의 가장자리 코를 2코 모아뜨기합니다.

[진동둘레(1단)]
1 쉼코 26코 분을 별실에 끼워서 쉬게 둡니다.

⊗ 감아코

2 진동둘레의 스틱 코를 만듭니다. 배색실을 왼손에 걸고 감아코를 합니다.

3 바탕실을 왼손에 걸고 감아코를 계속합니다.

[뒤목둘레]

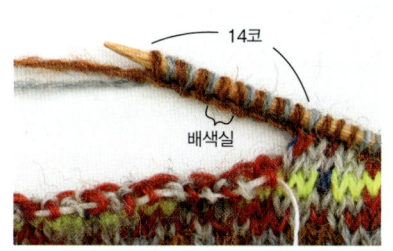

4 배색실과 바탕실로 감아코를 14코 만듭니다. 7번째 코와 8번째 코는 배색실로 2코를 연이어 뜹니다.

5 뜨개 도안대로 앞단에서 코를 주워 뜹니다. 반대쪽 진동둘레도 방법은 같습니다.

1 쉼코 45코 분을 별실에 끼워 둡니다. 바탕실로 감아코를 14코 만들고 뒤목둘레의 스틱 코를 만듭니다.

2 마지막 단까지 떴습니다. 그대로 바늘에 전체 코를 쉬게 두고, 실 끝을 약 10cm 남기고 자릅니다.

○ 어깨를 잇는다

[빼뜨기로 잇기]

1 바늘 끝이 오른쪽 어깨 끝에 오도록 코를 옮기고, 앞·뒤판의 겉끼리 맞댑니다.

2 마지막 단과 같은 색 실로 오른쪽 어깨 끝부터 왼쪽 어깨 끝까지(스틱 포함) 모든 코를 빼뜨기로 잇습니다.

3 어깨를 이었습니다.

4 뜨개바탕을 겉면으로 뒤집고, 어깨를 이은 위치와 스틱 부분에 스팀다리미로 스팀을 듬뿍 쐽니다.

○ 진동둘레의 스틱을 자른다

> 자르기 전에 스팀다리미로 스팀을 듬뿍 쐬어주면 뜨개질한 실이 얽혀서 쉽게 풀리지 않으니 참고하세요.

1 스틱 부분의 뜨개바탕 안쪽에 손을 대고, 같은 색 실로 뜬 2코 사이를 가위로 자릅니다.

2 어깨까지 잘랐습니다. 어깨를 이은 실은 자르지 않도록 주의하세요.

○ 소매를 뜬다

[1단]

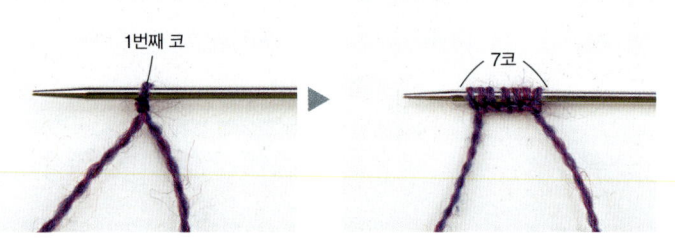
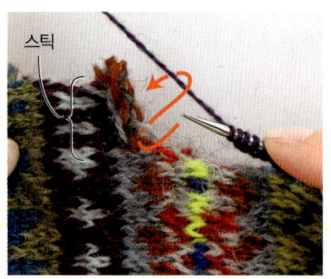

1 1호 줄바늘을 이용해 소매의 뜨개 시작 부분 스틱 7코를 만듭니다. 1번째 코는 일반적인 기초코를 만들 때처럼 바늘 1개에 고리를 만들고, 2번째~7번째 코는 감아코를 만듭니다.

2 스틱과 몸판의 코와 코 사이에 바늘을 넣어 소매의 1단을 줍습니다. 1번째 코는 화살표처럼 바늘을 넣어서 주우면 됩니다.

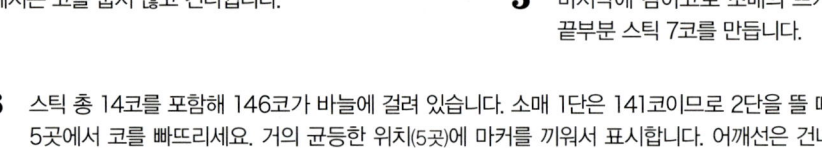

3 뜨개바탕 겉면에서 바늘을 넣어 1단에서 1코씩 줍습니다. 콧수는 2단에서 조절하세요.

4 어깨를 이은 부분에서는 코를 줍지 않고 건너뜁니다.

5 마지막에 감아코로 소매의 뜨개 끝부분 스틱 7코를 만듭니다.

6 스틱 총 14코를 포함해 146코가 바늘에 걸려 있습니다. 소매 1단은 141코이므로 2단을 뜰 때 5곳에서 코를 빠뜨리세요. 거의 균등한 위치(5곳)에 마커를 끼워서 표시합니다. 어깨선은 건너뛰고 주웠으므로 조금 어긋난 위치에 코를 빠뜨립니다.

[2단]

7 2단 이후는 3호 줄바늘로 마커를 끼운 위치로부터 왼바늘에서 코를 빠뜨립니다.

[15단]

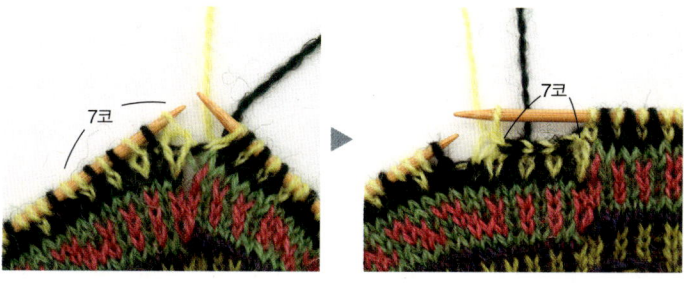

8 뜨개 시작의 스틱 7코 분을 덮어씌워 코막음합니다. 먼저 배색실·바탕실 순으로 1코씩 뜨고 먼저 뜬 코를 덮어씌웁니다. 그다음부터는 '앞단과 같은 색 실로 1코 뜨고, 앞의 코를 덮어씌우는' 과정을 반복합니다. 7코를 덮어씌웠으면 15단을 뜹니다.

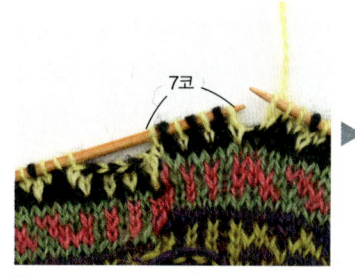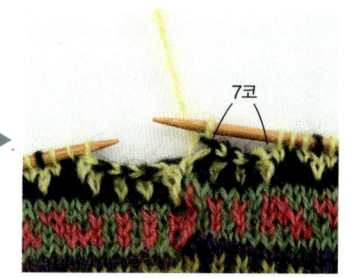

9 8과 같은 방법으로 뜨개 끝의 스틱 7코 분을 덮어씌워 코막음합니다. 마지막에는 실 끝을 자르고, 바늘에 걸린 1코에 통과시켜서 살짝 조입니다. 바탕실도 자릅니다.

10 합해서 14코 분만큼 덮어씌워 코막음했습니다.

[16단]

11 새 실을 이어서 16단을 뜹니다.

[17단]

12 17단부터는 덮어씌워 코막음을 건너뛰고 원형뜨기를 합니다.

13 소매를 도중까지 떴습니다. 뜨개 도안을 참고해 마지막 단까지 뜨고 마무리는 덮어씌워 코막음합니다.

○ 앞중심의 스틱을 자른다

> 자르기 전에 뜨개바탕에 스팀다리미로 스팀을 듬뿍 쐬어 둡니다.

1 밑단 스틱 부분의 뜨개바탕 안쪽에 손을 대고, 같은 색 실로 뜬 2코의 사이(앞중심)를 가로로 자릅니다.

[1단]

2 몸판의 스틱 부분도 같은 방법으로 자릅니다.

3 마지막은 어깨를 이은 부분과 뒤목둘레까지 자르면 됩니다.

4 다 잘랐습니다. 앞중심과 목둘레가 벌어졌습니다.

○ 앞여밈단을 뜬다

[1단]

1 1호 줄바늘로 스틱과 몸판의 코와 코 사이에 바늘을 넣어 1단에서 1코씩 줍습니다. 콧수는 2단에서 조절합니다(→p.50).

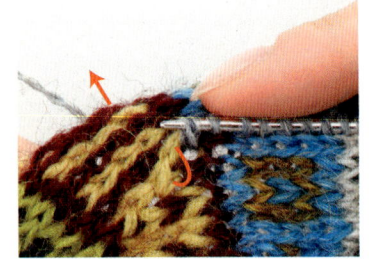

2 코 줄이기 위치에서 주울 때는 2코 모아뜨기의 아래 코에 바늘을 넣어 실을 끌어냅니다.

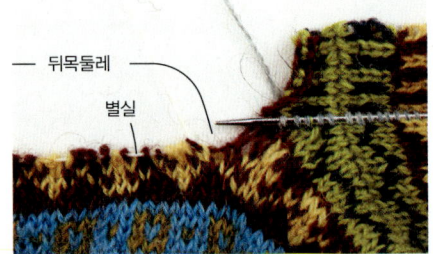

3 스틱과 몸판의 코 사이에서 다 주웠으면, 별실에 쉬게 둔 뒤목둘레의 코를 반대쪽 바늘에 옮깁니다.

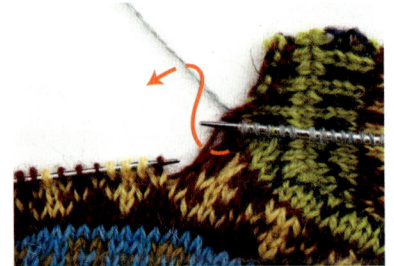

4 뒤목둘레의 모서리 코에 화살표처럼 바늘을 넣어서 1코를 줍습니다.

5 뒤목둘레의 쉼코에서 뜨개 도안을 따라 줍습니다.

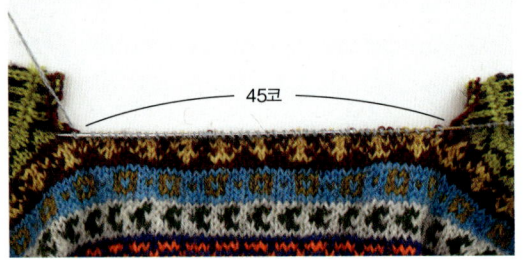

6 쉼코에서 코를 다 주웠습니다. 반대쪽도 같은 방법으로 밑단까지 줍고, 왕복뜨기로 앞여밈단을 뜹니다.

○ 스틱 가장자리를 처리한다

[4코 남기고 자른다]

1 자르기 전에 뜨개바탕에 스팀다리미로 스팀을 듬뿍 쐬고, 스틱 가장자리를 4코 남겨서 자릅니다.

[감침질]

2 끝 2코를 안쪽으로 접어 넣고, 시침 핀으로 고정합니다.

3 접어 넣은 코의 반 코와 겉쪽의 코 반 코를 주워 몸판 안쪽에 감침질합니다.

4 1단마다 감침질합니다. 스틱을 깔끔하게 처리했습니다.

○ 소매의 스틱을 자르고, 소매 옆선을 잇는다

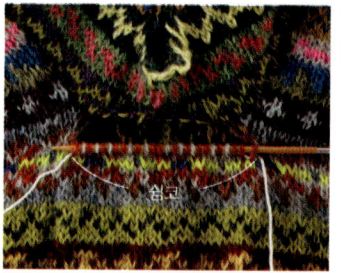

1 진동둘레의 쉼코를 바늘에 옮깁니다.

2 스틱 부분의 뜨개바탕 안쪽에 손을 대고, 같은 색 실로 뜬 2코 사이를 가위로 자릅니다.

3 다 잘랐습니다. 쉼코를 반대쪽 바늘로 옮기고, 줄바늘 끝이 오른쪽을 향하게 합니다.

[코와 단 잇기]

4 돗바늘에 실을 꿰어서 몸판 쪽의 1번째 코에 통과시킨 다음 소매 쪽에 화살표처럼 바늘을 넣습니다.

5 계속 몸판 쪽의 1번째 코와 2번째 코에 돗바늘을 넣습니다. 1번째 코는 줄바늘에서 뺍니다.

6 스틱과 소매의 코와 코 사이에 돗바늘을 넣어서 단을 뜹니다. 같은 방법으로 몸판의 코와 소매의 단에 교대로 돗바늘을 통과시켜서 실을 조이며 잇습니다.

7 한쪽 스틱의 마지막 단을 주울 때 다른 한쪽 스틱의 마지막 단에도 돗바늘을 통과시킵니다. 남은 부분도 같은 방법으로 잇습니다.

8 코와 단 잇기를 완성했습니다.

○ 마무리하는 법

1 안쪽에서 스틱 가장자리를 처리합니다. 소매 옆선에 구멍이 생겼다면 감침질로 구멍을 막으면 됩니다.

마지막에 안쪽에서 스팀다리미로 스팀을 듬뿍 뿜어줍니다.

○ 완성

안주머니·주머니 입구를 마무리하고, 모든 실 끝을 처리합니다. 단추를 달면 완성입니다.

8page C

[실]
하마나카 소노모노 그랑
그레이 (165) 380g
미색 (161) 140g
갈색 (163) 100g

[부재료]
단추(27mm)×6개

[도구]
줄바늘 15호, 13호
코바늘 7mm(어깨 잇기용)

[게이지(가로세로 10cm)]
배색무늬뜨기 13코×17단

[완성 치수]
가슴둘레 106cm, 어깨너비 50.5cm
전체 길이 56cm

[뜨는 법]
(1) 일반적인 기초코로 코를 잡아 1코 고무뜨기, 배색무늬뜨기(코위찬뜨기)로 앞·뒤판을 뜹니다. 도중에 주머니 위치에 별실을 넣어서 뜹니다.
(2) 어깨를 안면끼리 맞대고 빼뜨기로 잇습니다.
(3) 주머니 위치의 별실을 풀어 코를 줍고, 1코 고무뜨기로 주머니 입구, 메리야스뜨기로 안주머니를 뜬 뒤 덮어씌워 코막음합니다.
(4) 주머니 입구의 옆선을 떠서 꿰매기로 잇고, 안주머니를 겉면에서 표시 나지 않도록 감침질합니다.
(5) 몸판에서 코를 주워 1코 고무뜨기로 앞여밈단, 진동둘레를 뜨고 덮어씌워 코막음합니다.
(6) 일반적인 기초코로 코를 잡아서 가터뜨기로 오른쪽 칼라를 뜹니다.
(7) 오른쪽 칼라의 기초코에서 코를 주워 가터뜨기로 왼쪽 칼라를 뜹니다.
(8) 칼라를 앞목둘레에 떠서 꿰매기, 뒤목둘레와 앞여밈단에 코와 단 잇기로 답니다.
(9) 단추를 답니다.

목둘레·앞여밈단
1코 고무뜨기 그레이
15호 줄바늘

안주머니 (2장)
메리야스뜨기 그레이 15호 줄바늘

주머니 입구 (2장)
1코 고무뜨기 그레이 13호 줄바늘

(▲에서 14.5c(19코) 줍기 + 양 끝에서 1코씩 만들기)

칼라
가터뜨기
그레이
15호 줄바늘

오른쪽 칼라 뜨개도안

왼쪽 칼라 뜨개 도안

▢ = ▭ 겉뜨기 기호 생략

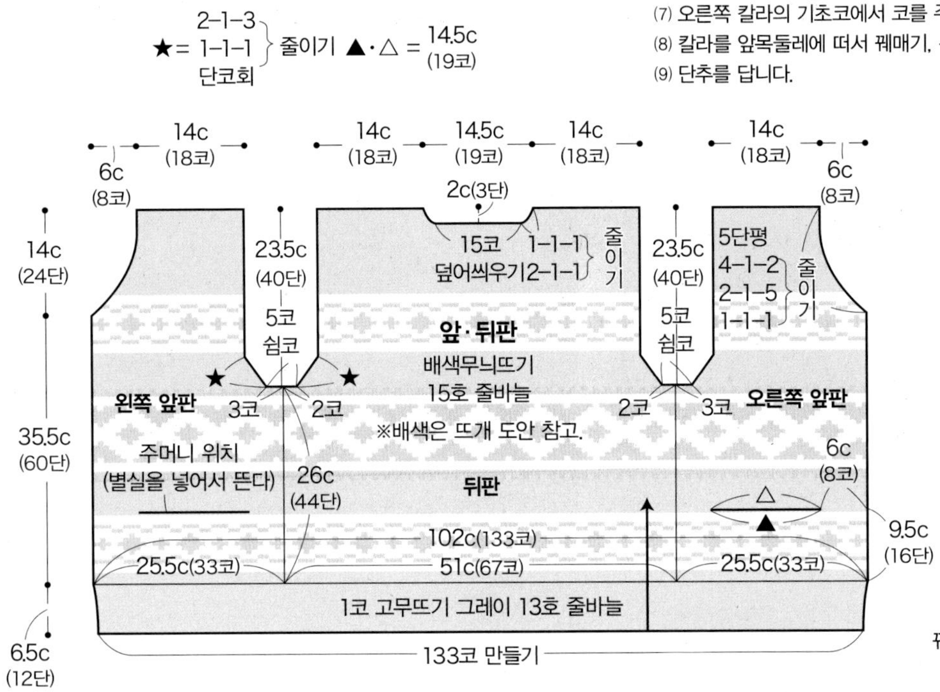

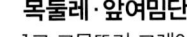

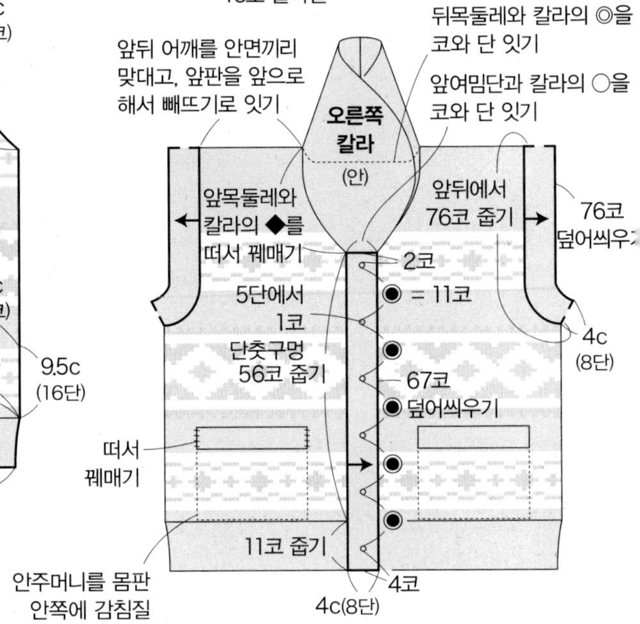

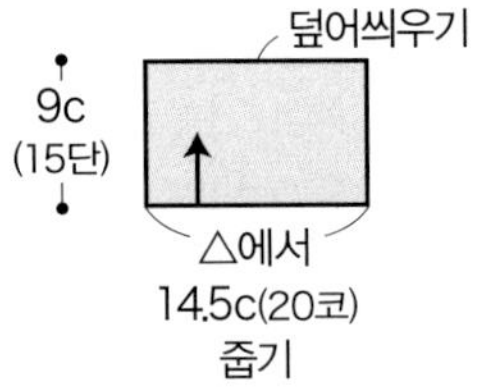

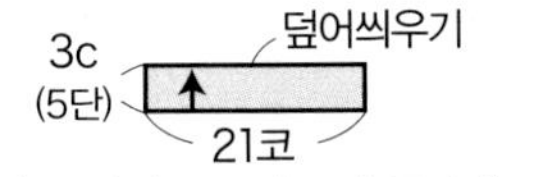

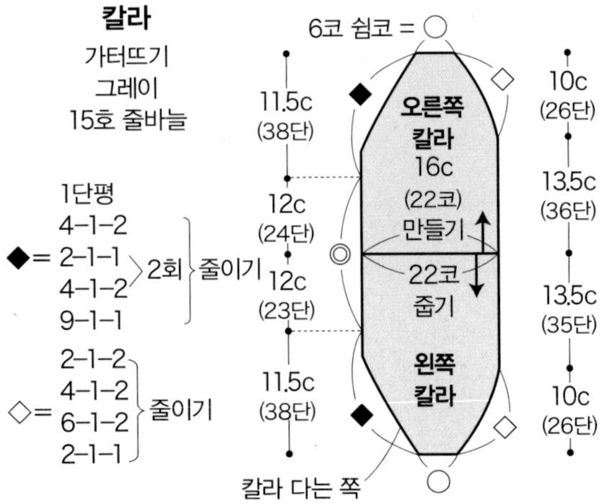

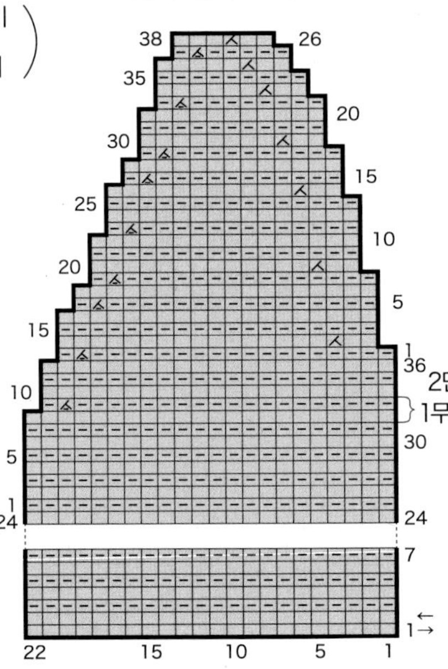

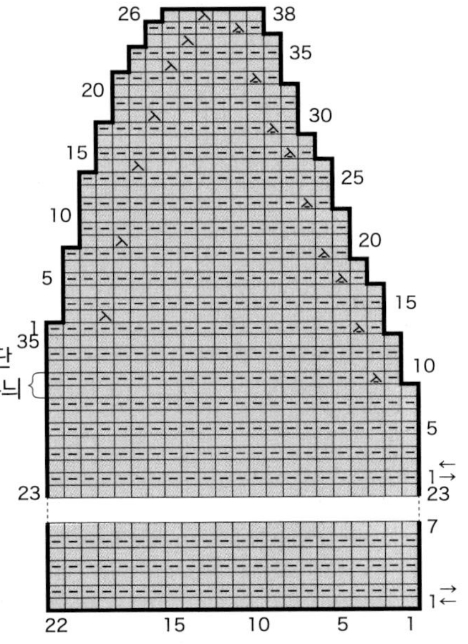

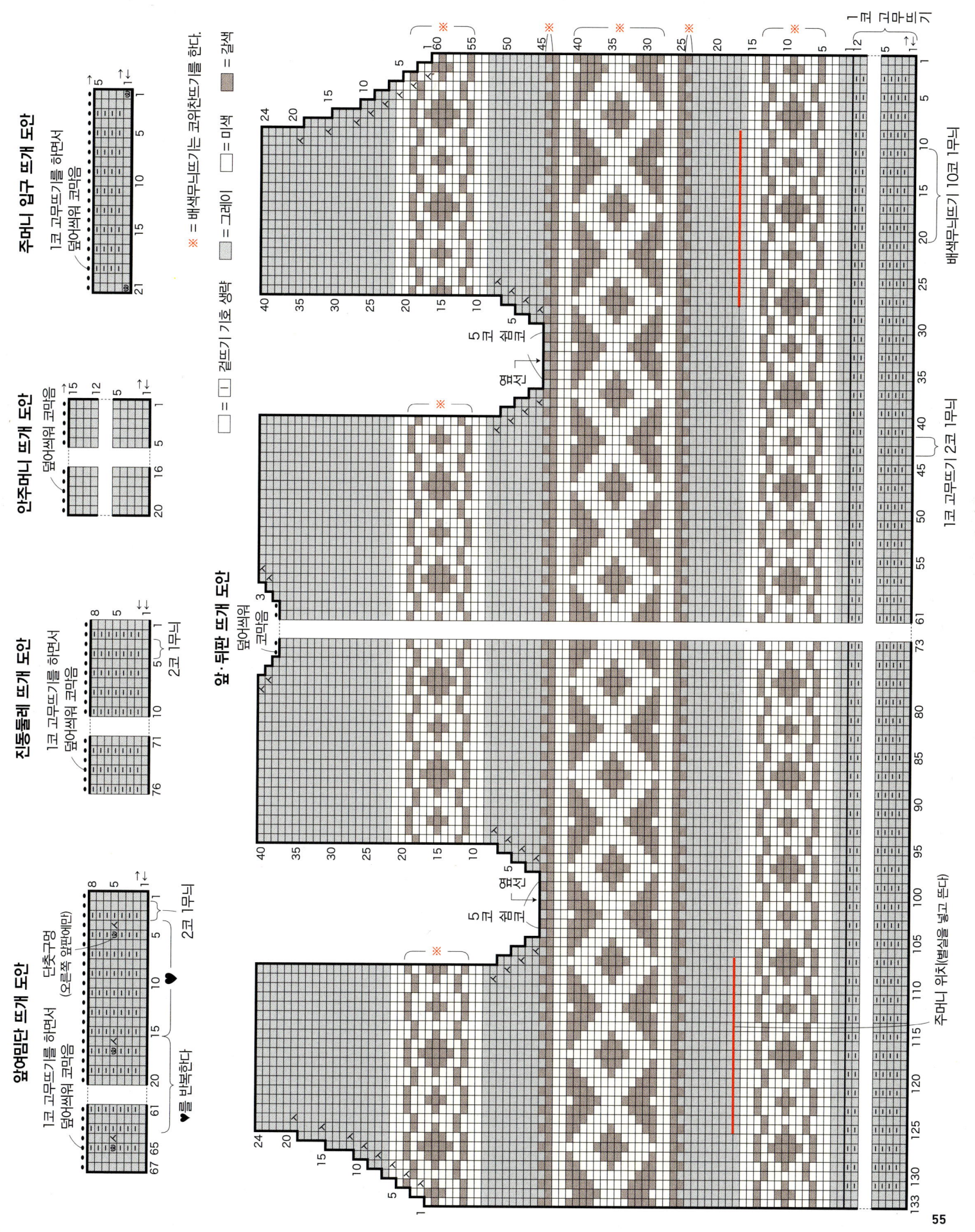

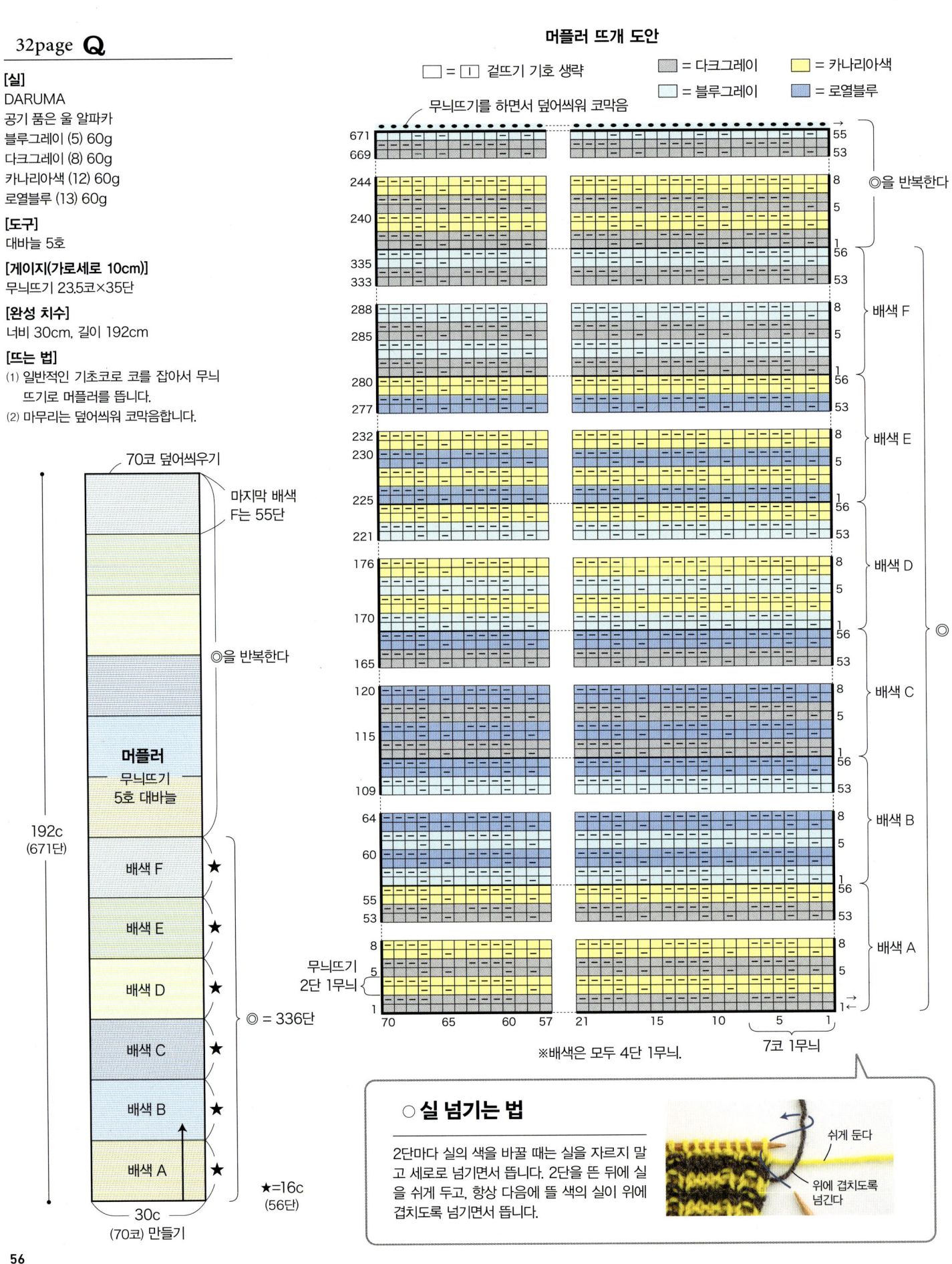

18page H

[실]
퍼피 브리티시 에로이카
초록 (209) 295g
연한 베이지 (134) 170g
노랑 (206) 60g
흑갈색 (208) 50g
하늘색 (207) 20g
붉은 갈색 (201) 15g

[부재료]
단추(21mm)×8개

[도구]
줄바늘 9호, 8호, 7호, 6호

[게이지(가로세로 10cm)]
메리야스뜨기(8호 줄바늘)
18.5코×20단

[완성 치수]
몸통둘레 100.5cm
전체 길이(뒤판) 62cm
뒤목 중심~소맷부리 78cm

[뜨는 법]
(1) 일반적인 기초코로 코를 잡아서 1코 고무뜨기, 배색무늬뜨기 A, 메리야스뜨기로 앞·뒤판, 소매를 각각 뜹니다.
(2) 앞·뒤판, 소매에서 코를 주워 배색무늬뜨기 B로 요크를 뜹니다.
(3) 1코 고무뜨기로 칼라를 뜨고 덮어씌워 코막음합니다.
(4) ◆·◇끼리 메리야스 잇기, ●끼리 코와 단 잇기를 합니다.
(5) 일반적인 기초코로 코를 잡아서 1코 고무뜨기로 앞여밈단을 뜨고 덮어씌워 코막음합니다.
(6) 앞여밈단을 앞판·요크·칼라에 떠서 꿰매기로 답니다.
(7) 칼라를 안면으로 반 접어서 넘기고 감침질합니다.
(8) 단추를 답니다.

※왼쪽 소매는 오른쪽 소매와 같은 방법으로 뜨고, 맞춤점 위치(◇·●·☆·◆)를 좌우대칭으로 한다.

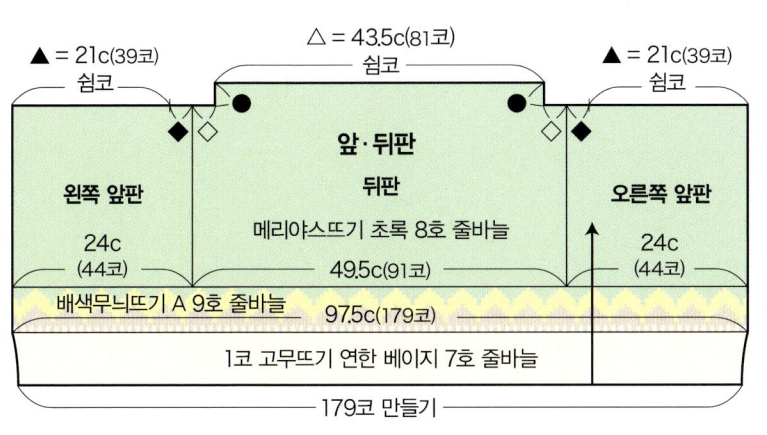

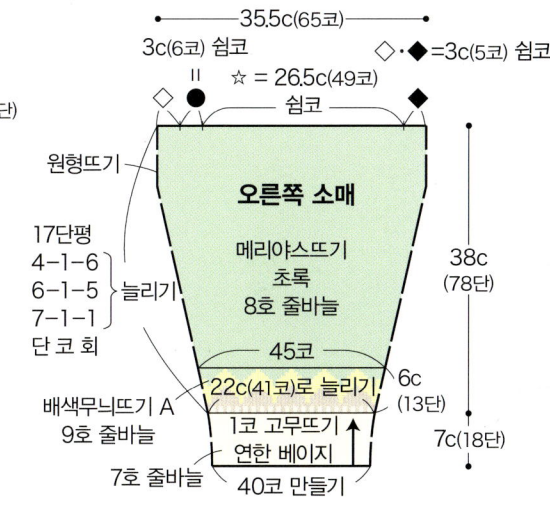

요크

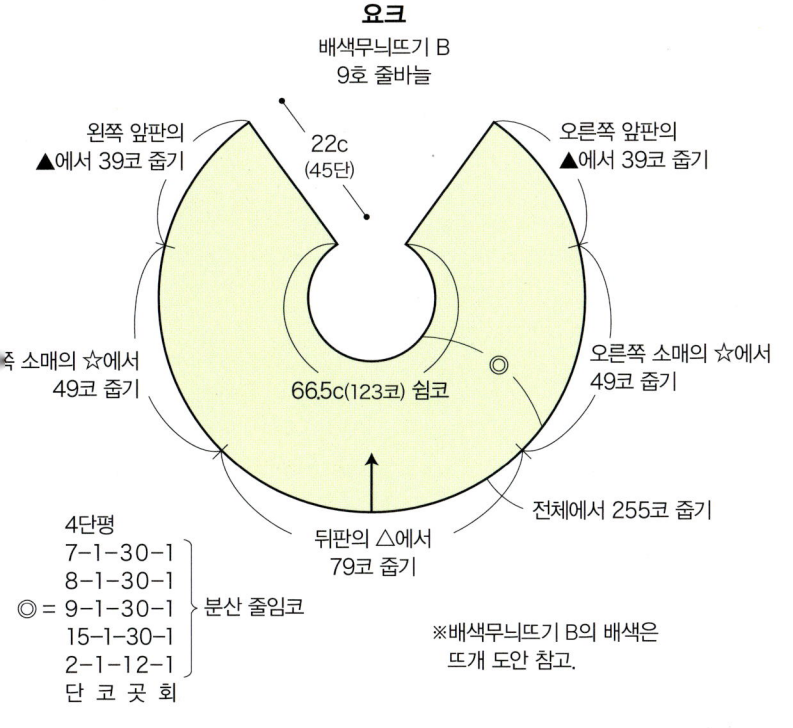

앞여밈단 (2장)

앞여밈단 뜨개 도안

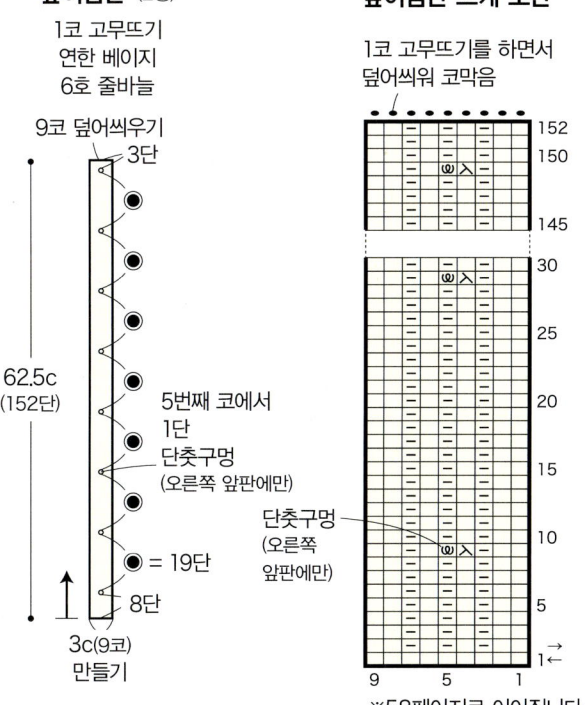

※58페이지로 이어집니다.

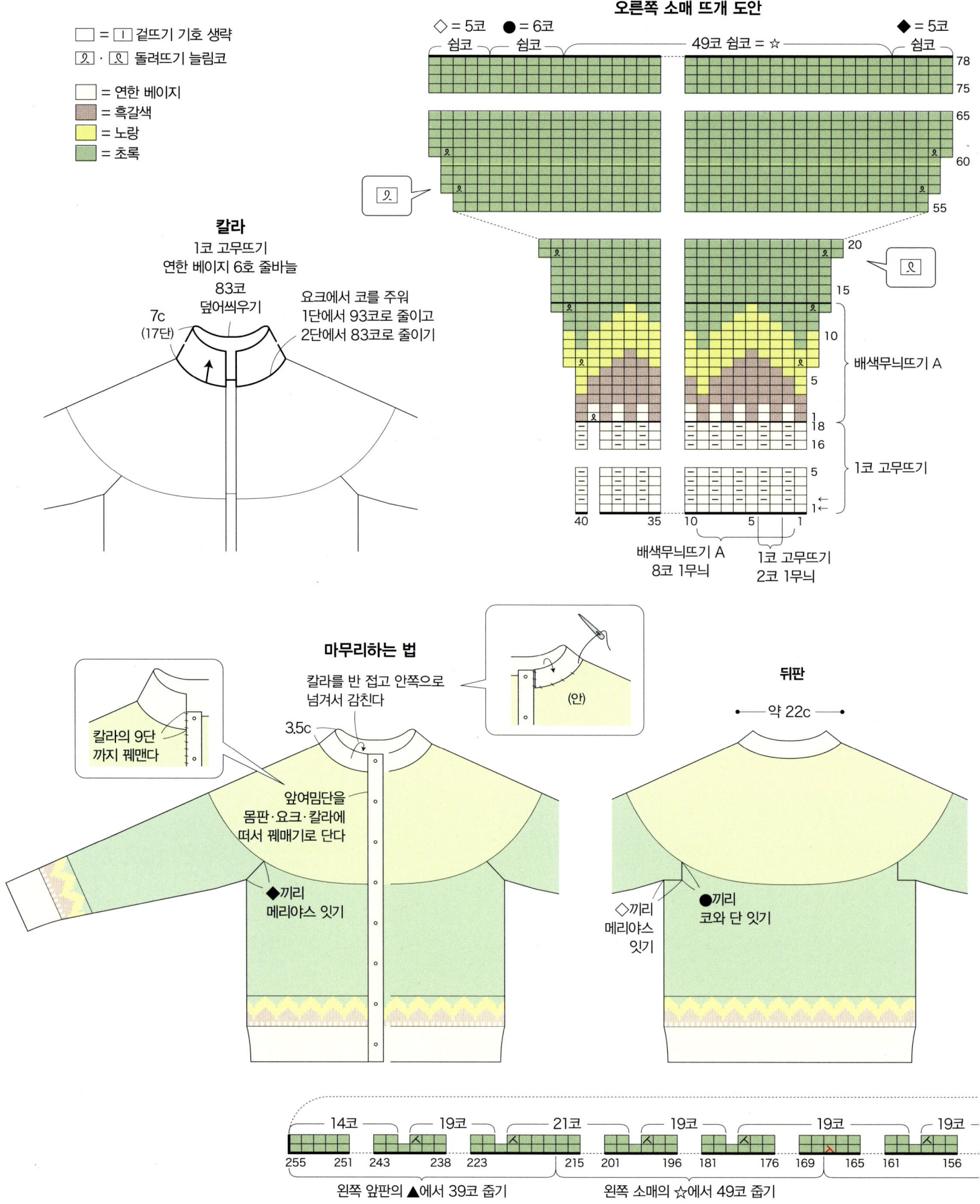

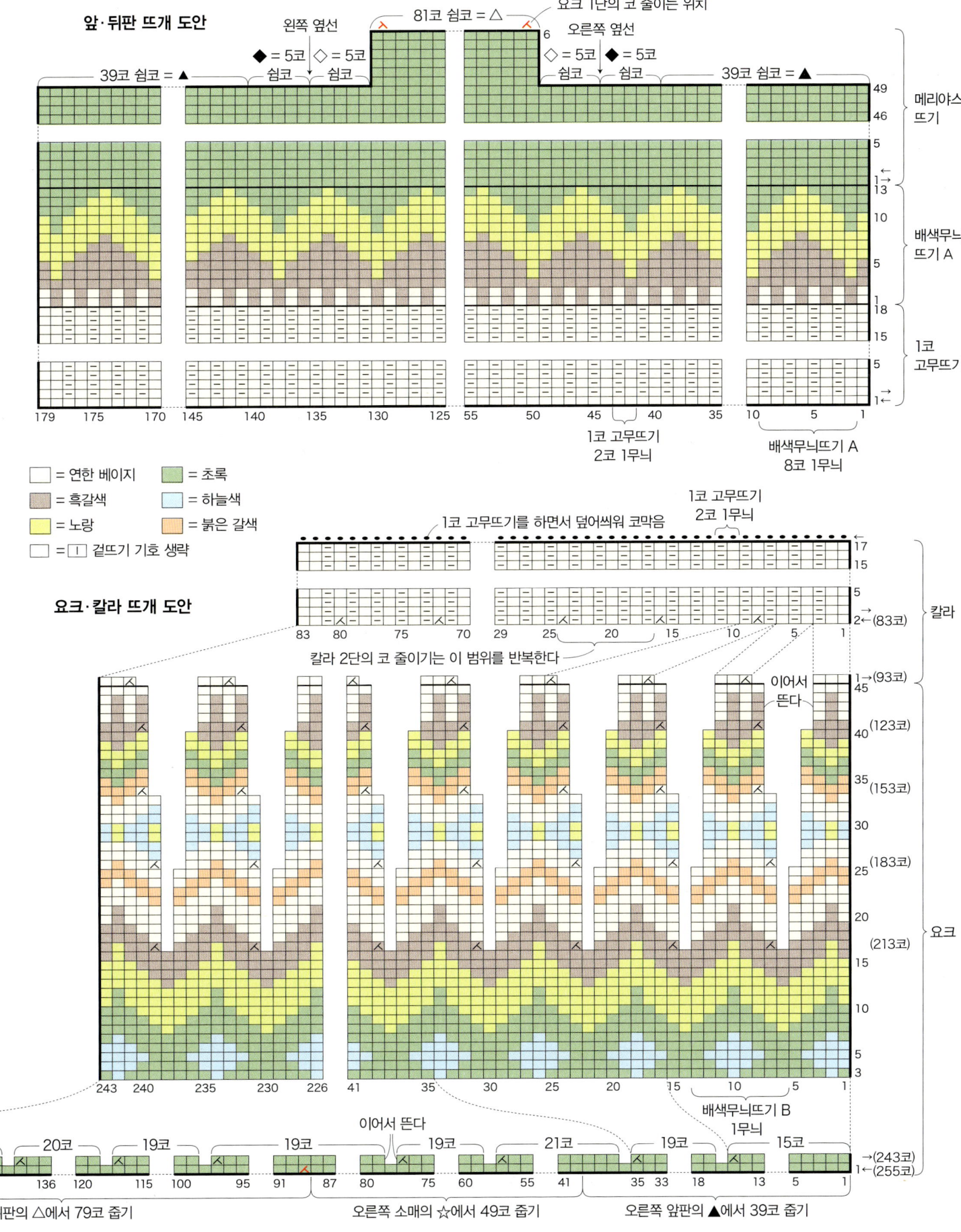

25page K

[실]
퍼피 브리티시 파인
모스그린 (34) 4g
연한 파랑 (62) 4g
황록색 (80) 4g
보라 (27) 3g
블루그레이 (64) 3g
라임색 (73) 3g
밝은 연두 (91) 3g
진빨강 (4) 2g
파랑 (7) 2g
그레이 (10) 2g
라이트그레이 (19) 2g
진보라 (53) 2g
청록색 (63) 2g
금갈색 (65) 2g
진분홍 (68) 2g
하늘색 (92) 2g
남색 (5) 1g
빨강 (13) 1g
카키색 (28) 1g
겨자색 (35) 1g
갈색 (37) 1g
초록 (55) 1g
아이스블루 (74) 1g
네온핑크 (85) 1g
네온오렌지 (87) 1g
네온옐로 (86) 조금

[도구]
줄바늘 3호, 2호

[게이지(가로세로 10cm)]
배색무늬뜨기 33코×35단

[완성 치수]
손바닥둘레 18cm, 길이 26.5cm

[뜨는 법]
(1) 일반적인 기초코로 코를 잡아서 배색무늬뜨기로 암 워머를 원형뜨기하고 덮어씌워 코막음합니다. 도중에 엄지 위치에 별실을 넣어서 뜹니다.
(2) 엄지 위치의 별실을 풀어서 코를 줍고, 메리야스뜨기로 엄지를 원형뜨기 한 뒤 덮어씌워 코막음합니다.

암 워머
배색무늬뜨기 3호 줄바늘

엄지
메리야스뜨기
연한 파랑 (62) 2호 줄바늘

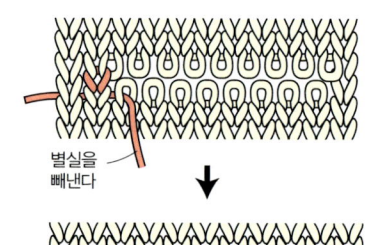

엄지 뜨개 도안

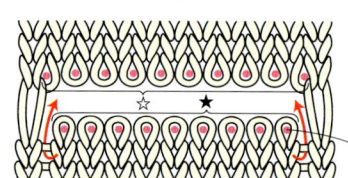

○ 엄지 위치 뜨는 법

① 암 워머의 71단 도중에서 엄지 위치의 9코를 별실로 1단 뜹니다.

② 별실로 뜬 코를 왼바늘에 돌려놓고, 쉬게 둔 바탕실로 엄지 위치를 다시 한 번 뜨면서 71단을 이어서 뜹니다.

③ 암 워머를 다 뜬 뒤에 별실을 풀어서 빼고, 엄지 1단을 줍습니다.

• = 주운 코 위치
↑ = 코와 코 주위의 실을 돌려뜨기 늘림코를 하는 요령으로 뜬다
엄지 줍기 시작 위치

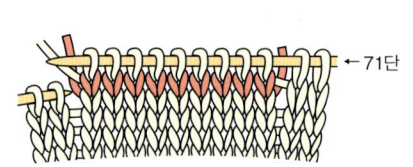

27page M

[실]
하마나카 소노모노 알파카 울 '병태'
갈색 (63) 65g
미색 (61) 10g

[도구]
줄바늘 6호, 5호, 4호

[게이지(가로세로 10cm)]
배색무늬뜨기(6호) 25코×23단

[완성 치수]
머리둘레 50.5cm

[뜨는 법]
(1) 일반적인 기초코로 코를 잡아서 2코 고무뜨기, 메리야스뜨기, 배색무늬뜨기로 모자를 뜹니다.
(2) 뜨개 끝을 조여서 코막음합니다.

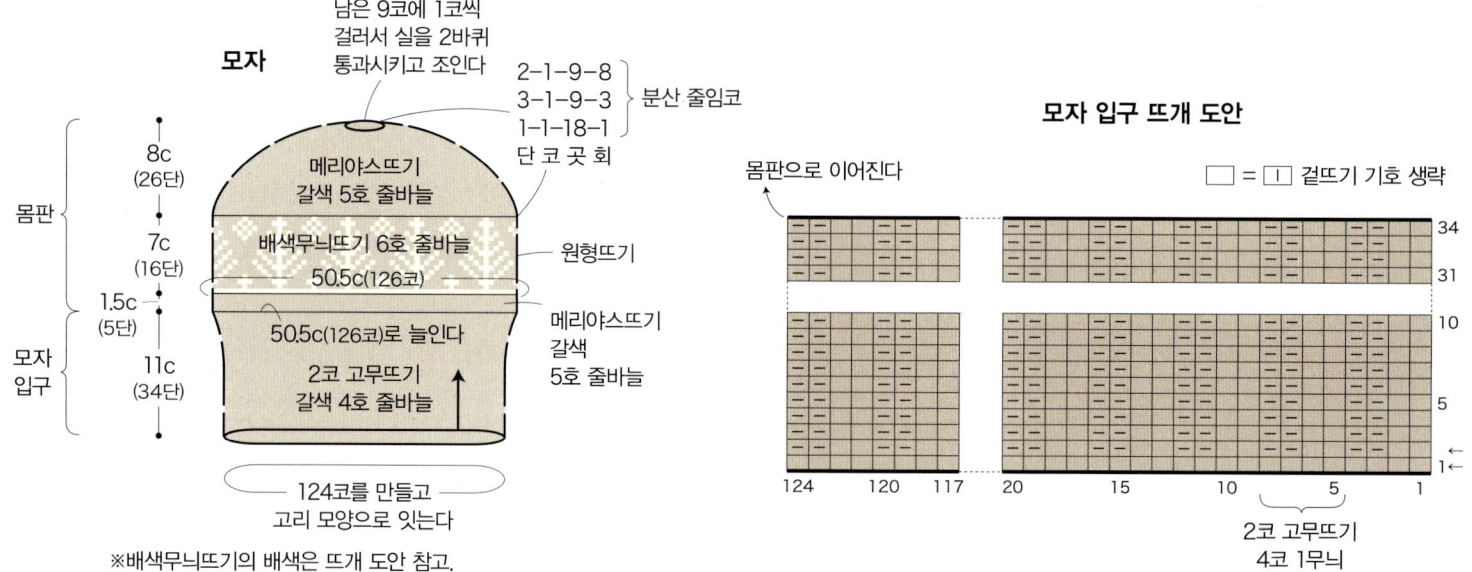

※배색무늬뜨기의 배색은 뜨개 도안 참고.
※몸판은 모자 입구의 안쪽을 보면서 뜬다. 뜨개 도안과 사진의 과정 해설 참고.

○ 몸판 1단 뜨는 법

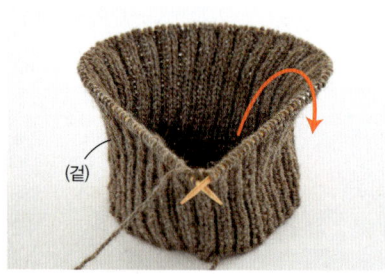

1 모자 입구를 뜬 뒤에 실을 자르지 않고 뜨개바탕을 안면으로 뒤집습니다.

2 오른손에 5호 줄바늘을 쥐고, 1단 처음에 걸기코를 합니다.

3 겉뜨기를 계속합니다.

4 한 바퀴 돌아가며 겉뜨기를 합니다.

5 단의 마지막 1코는 2에서 뜬 걸기코와 오른코 겹쳐 2코 모아뜨기를 합니다.

6 몸판 1단을 완성했습니다.

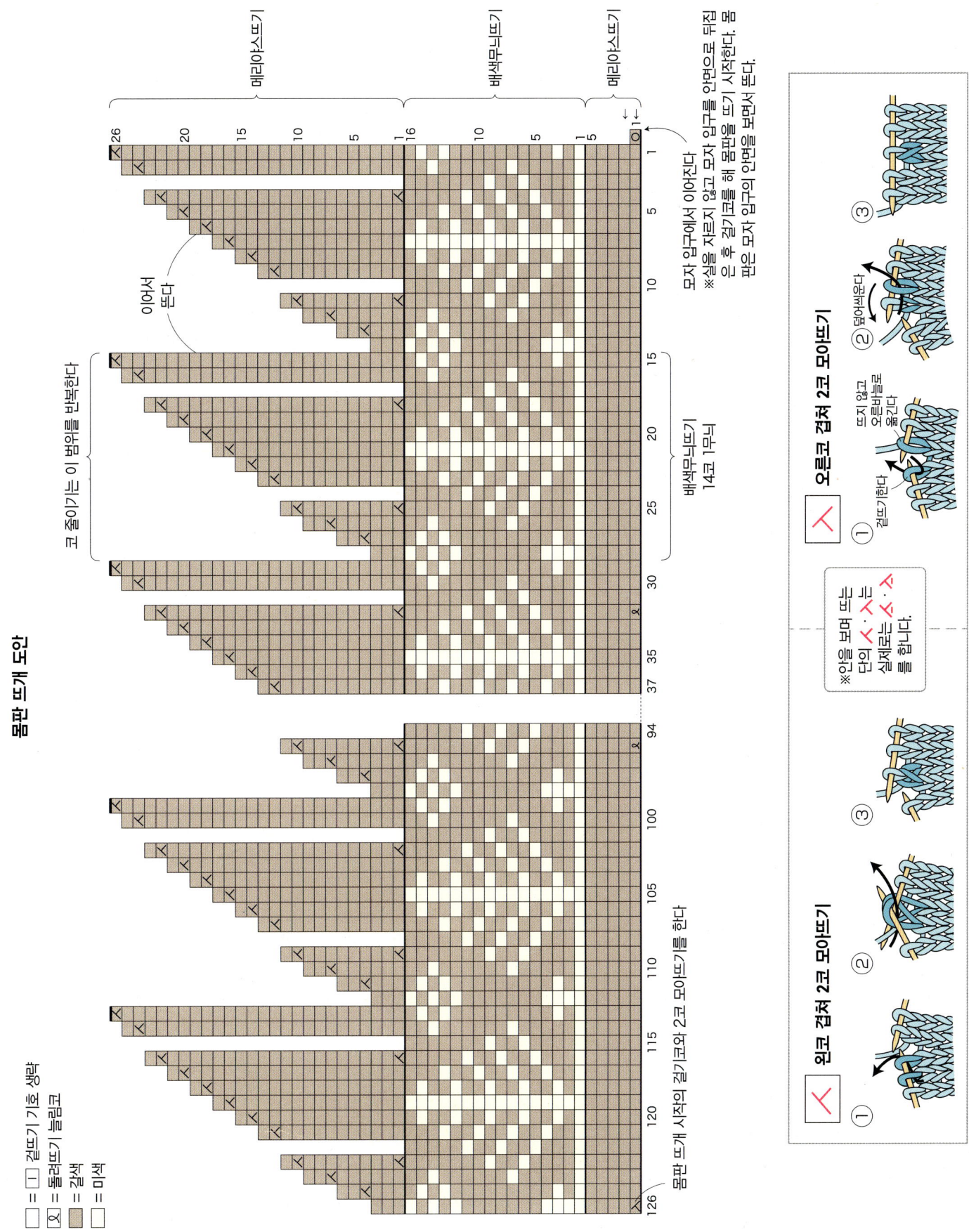

34page R

[실]
퍼피 브리티시 파인
짙은 남색 (17) 25g
미색 (1) 20g

[도구]
줄바늘 3호, 2호

[게이지(가로세로 10cm)]
배색무늬뜨기 A·B 32.5코×35단

[완성 치수]
손바닥둘레 19cm

[뜨는 법]
(1) 일반적인 기초코로 코를 잡아서 1코 고무뜨기, 배색무늬뜨기 A·B·C로 엄지 구멍을 만들면서 장갑을 원형뜨기한 뒤 뜨개 끝을 조여서 코막음합니다.
(2) 엄지 구멍에서 코를 주워 배색무늬뜨기 C로 엄지를 원형뜨기합니다. 뜨개 끝을 조여서 코막음합니다.

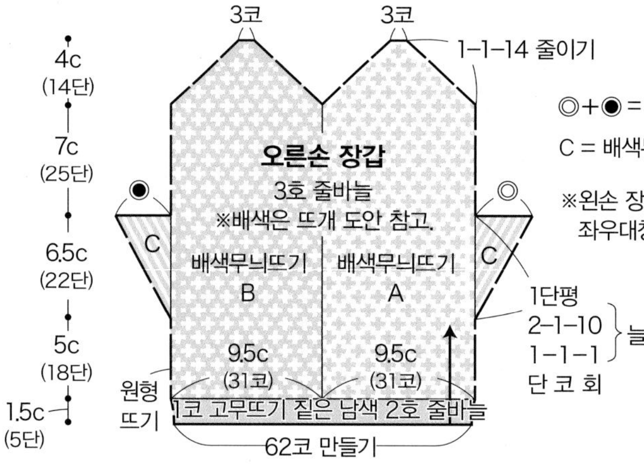

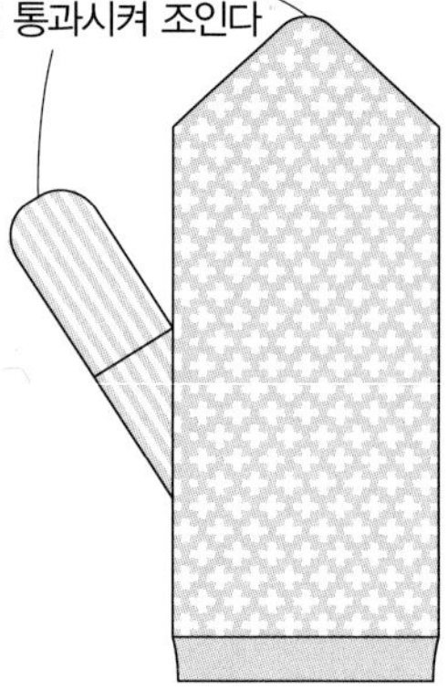

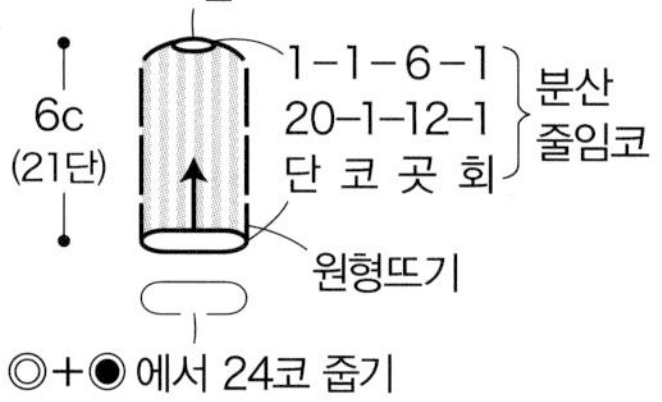

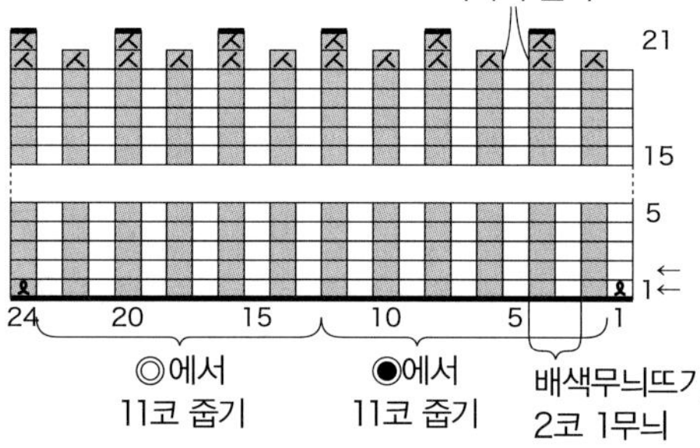

□ = ▯ 겉뜨기 기호 생략
⚯ = ⚯ 돌려뜨기
▨ = 짙은 남색
□ = 미색

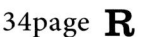

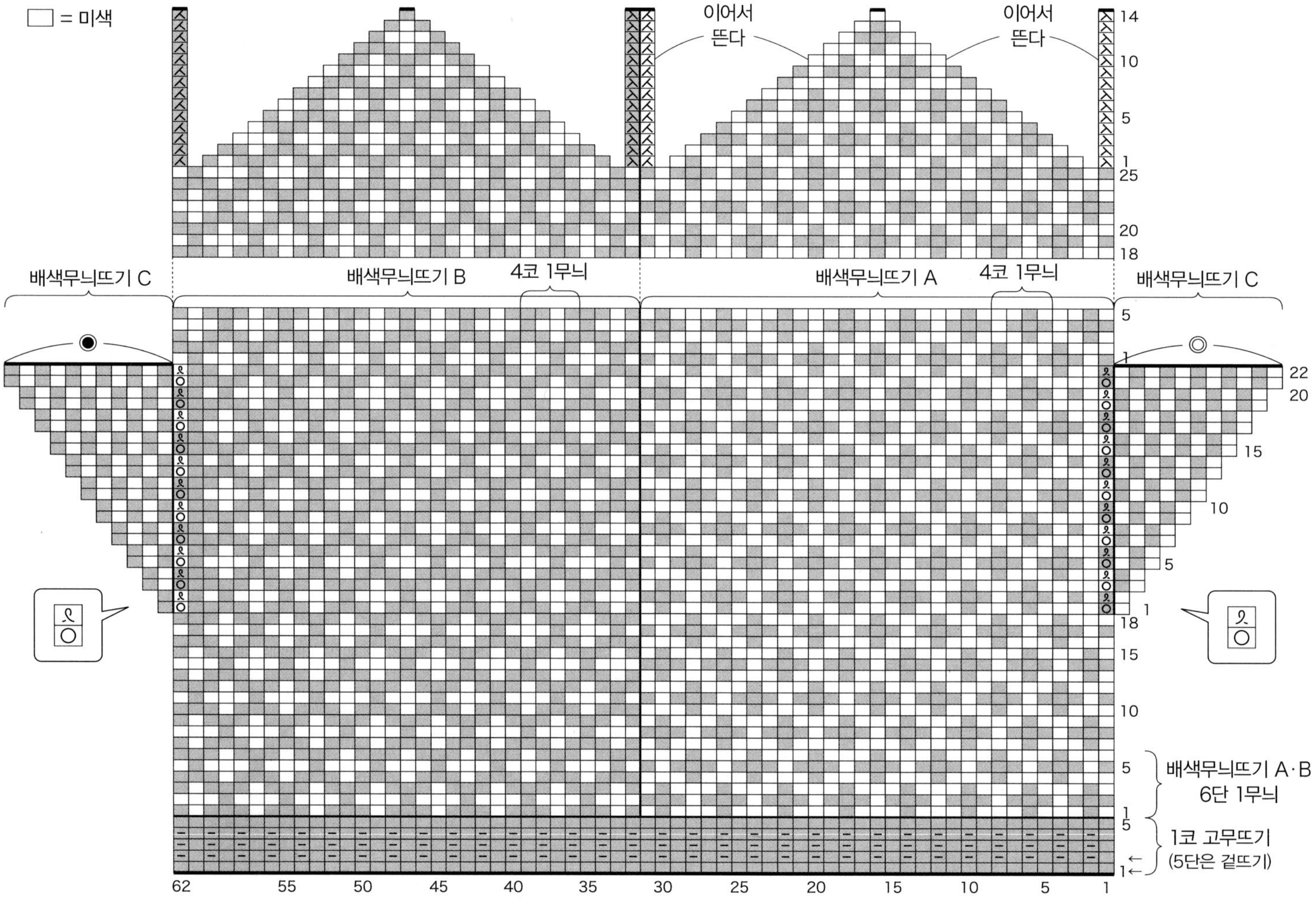

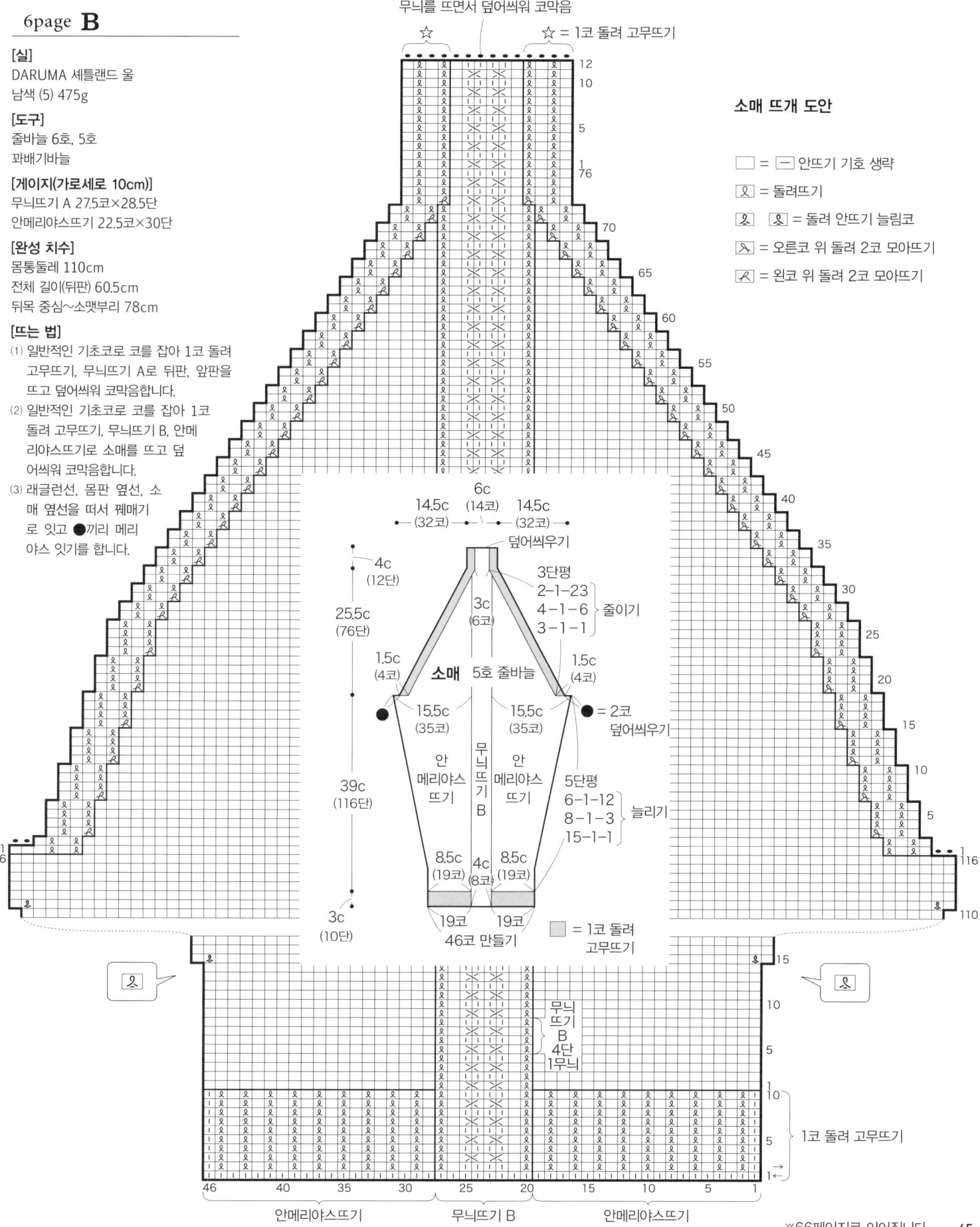

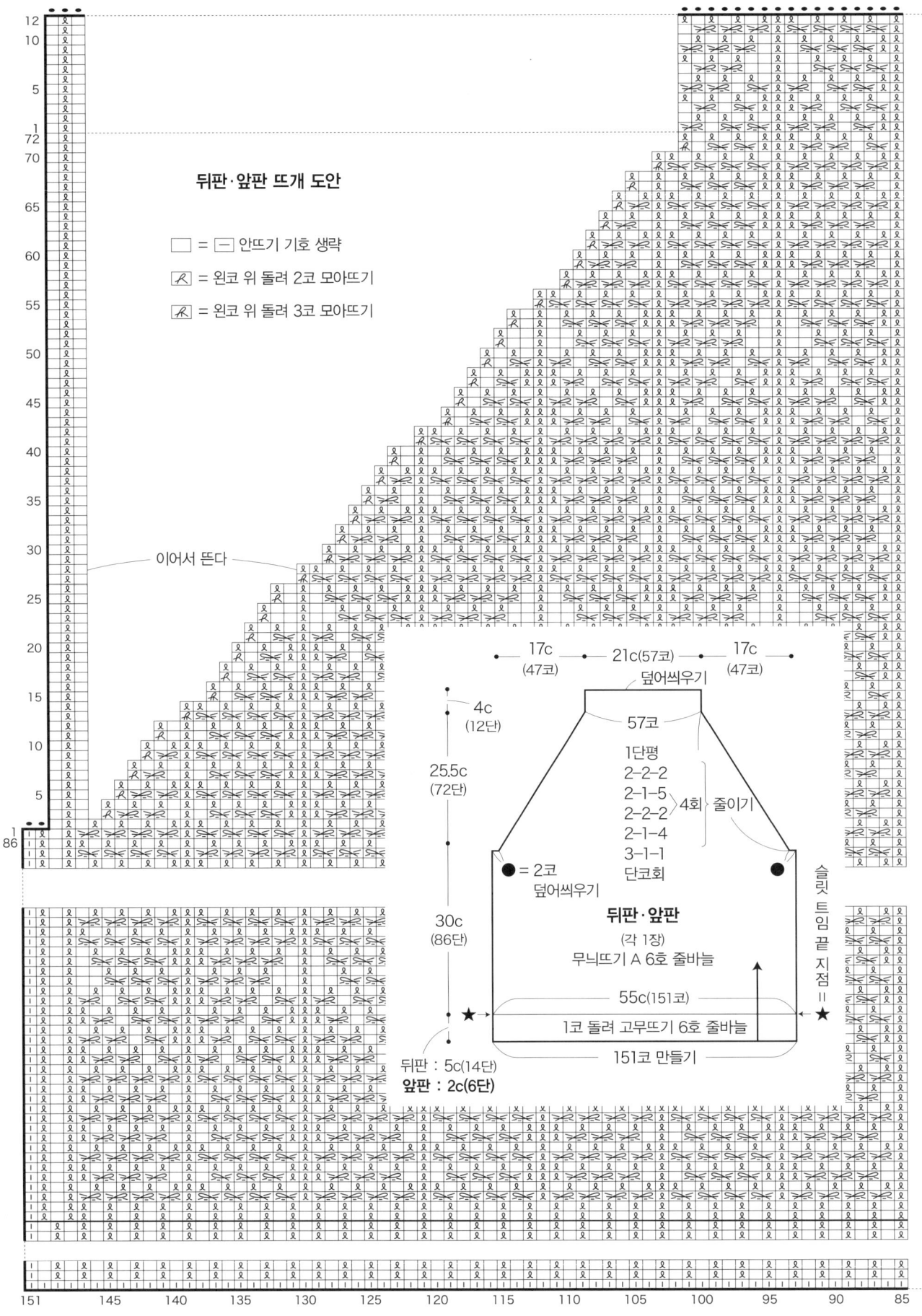

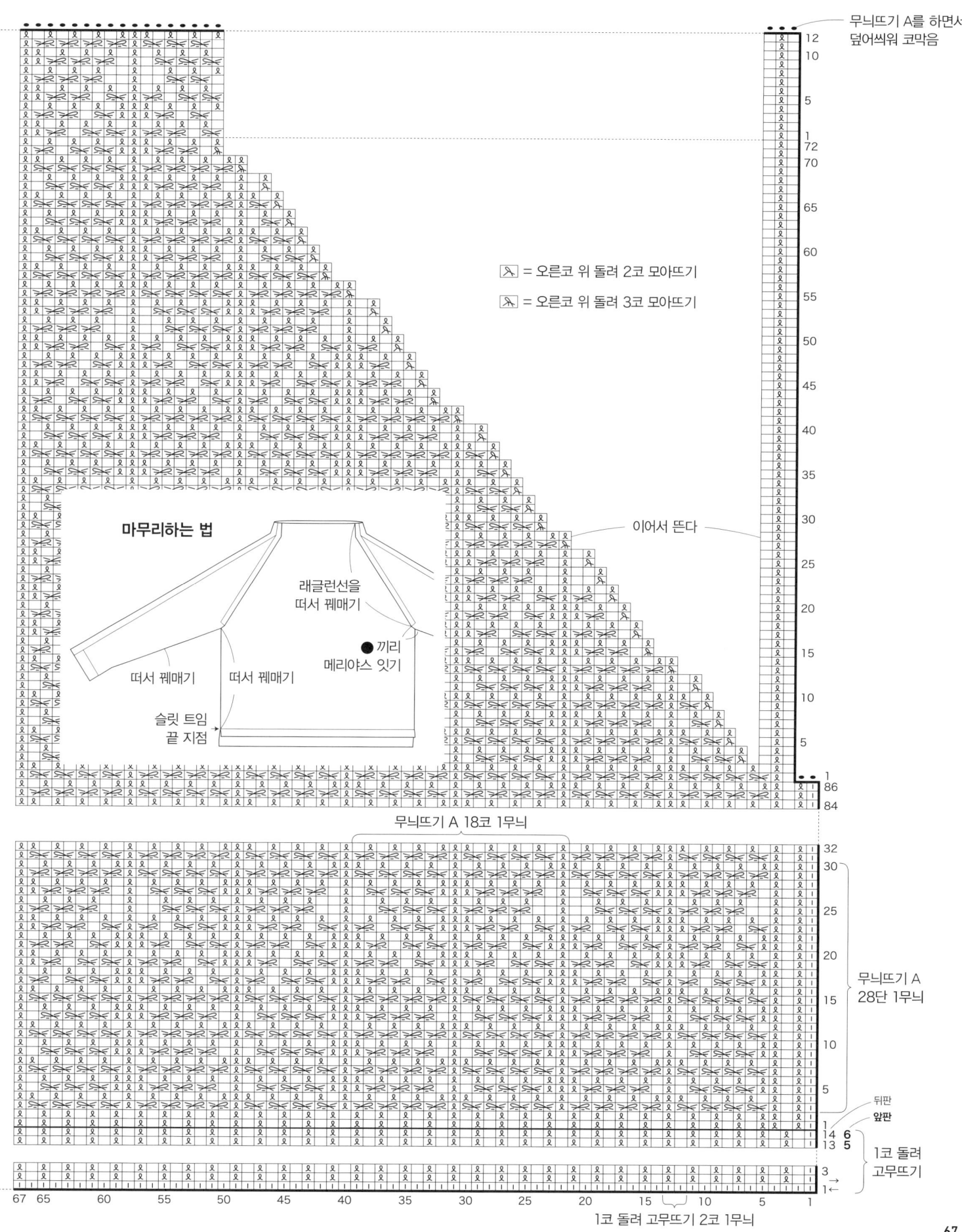

4page A

[실]
DARUMA 랑부예메리노 울
미색 (1) 295g
검정 (6) 80g

[도구]
줄바늘 5호, 3호
코바늘 4/0호(어깨 잇기용)

[게이지(가로세로 10cm)]
메리야스뜨기 24.5코×33.5단

[완성 치수]
몸통둘레 100cm, 전체 길이(뒤판) 57cm
뒤목 중심~소맷부리 71.5cm

[뜨는 법]
(1) 일반적인 기초코로 코를 잡아서 가터뜨기, 메리야스뜨기로 뒤판·앞판·소매를 각각 뜹니다.
(2) 어깨를 덮어씌워 빼뜨기로 잇습니다.
(3) 소매를 코와 단 잇기로 몸통에 답니다.
(4) 몸통 옆선, 소매 옆선을 떠서 꿰매기로 잇습니다.
(5) 가터뜨기로 목둘레를 원형뜨기하고 덮어씌워 코막음합니다.

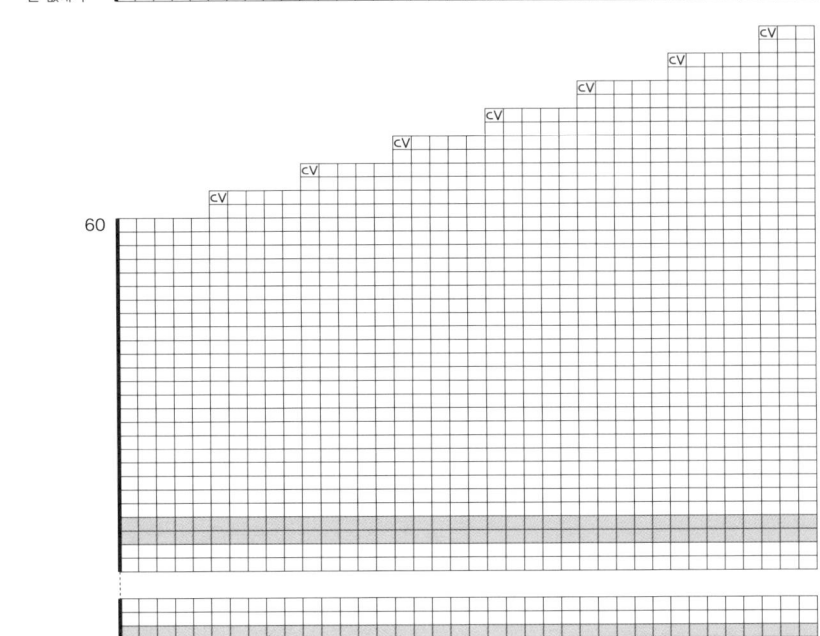

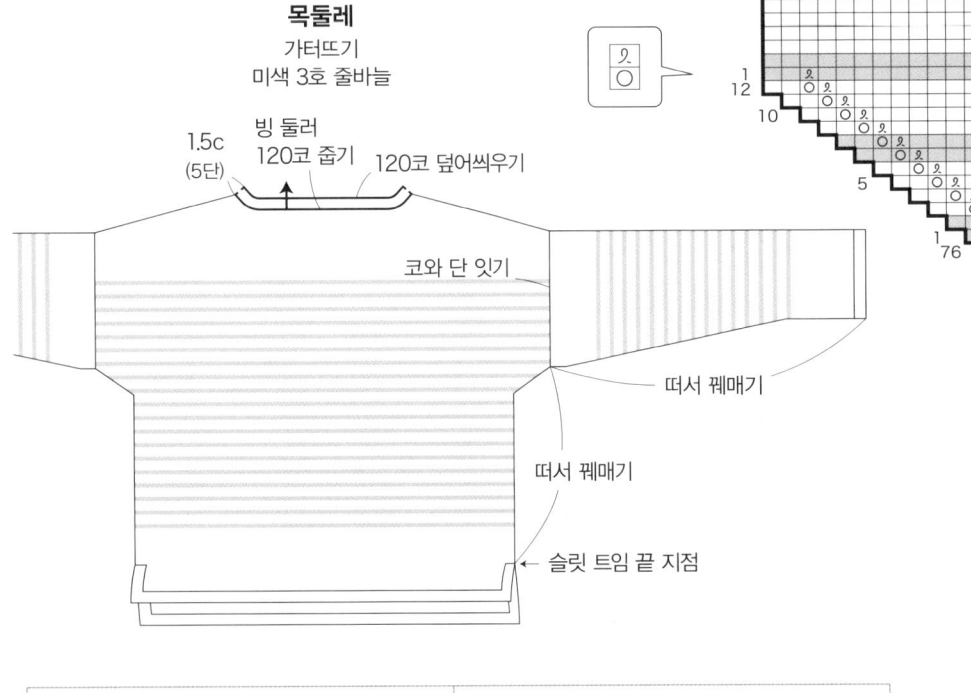

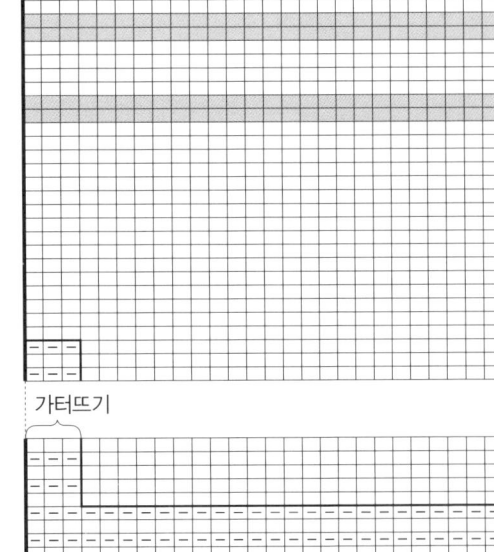

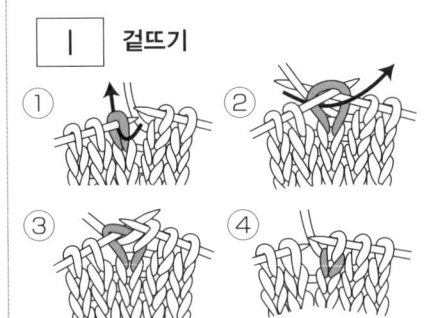

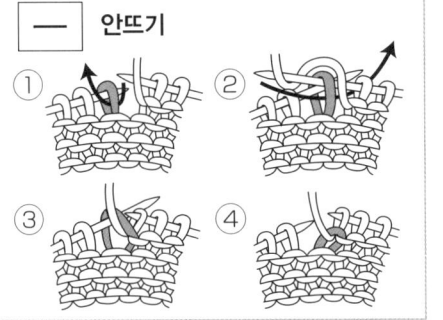

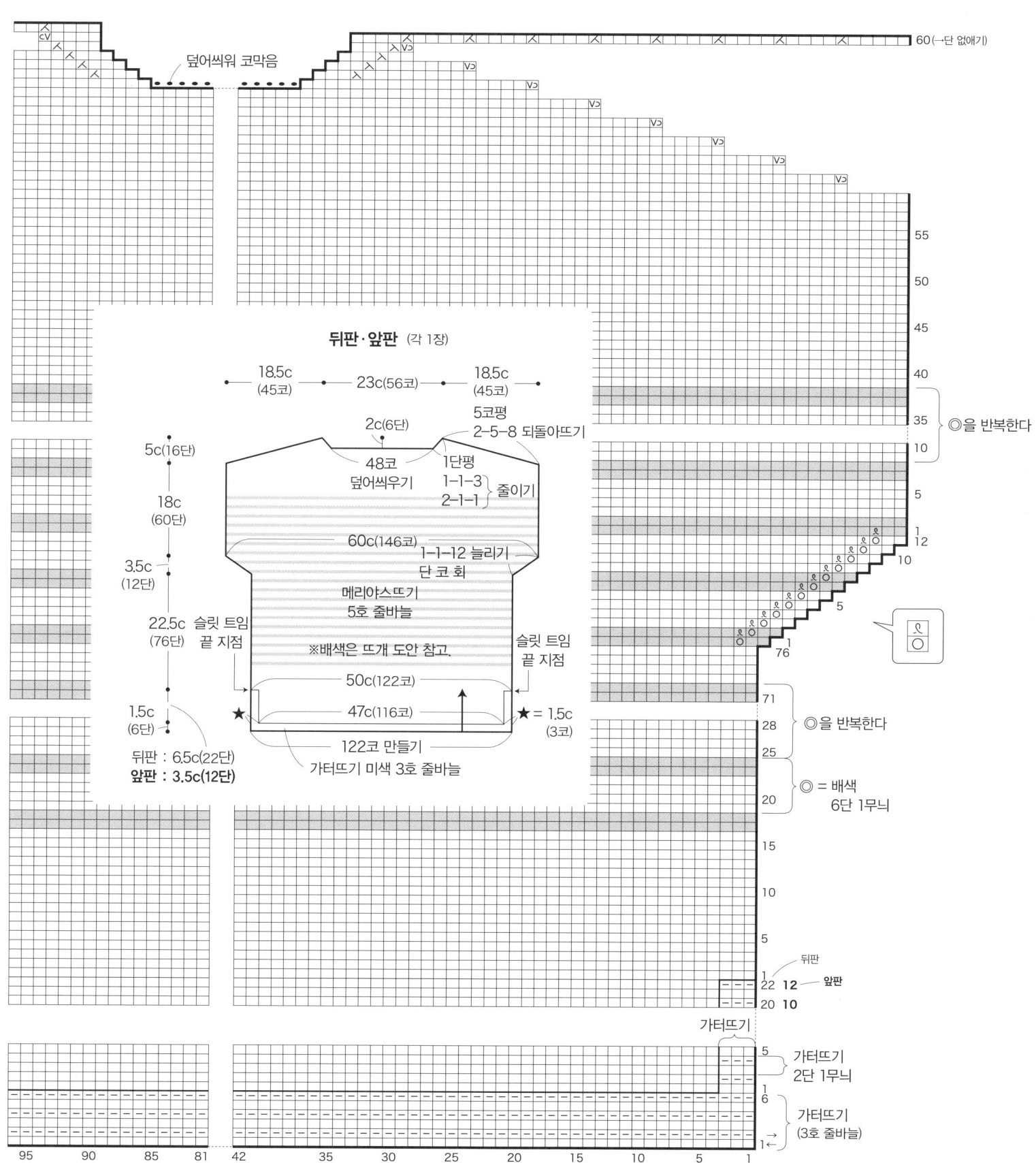

□ = [I] 겉뜨기 기호 생략
[ꝗ]·[ꝗ] = 돌려뜨기 늘림코
□ = 미색
■ = 검정

소매 뜨개 도안

목둘레 뜨개 도안

○ 걸기코

①

오른바늘에 화살표 처럼 실을 겁니다.

②

실을 걸었습니다. 바늘에 건 이 실이 걸기코가 됩니다.

③

다음 코를 떴습니다.

Q 돌려뜨기

앞단의 코를 돌린 것처럼 되도록 바늘을 넣어 겉뜨기합니다.

Q 돌려 안뜨기

앞단의 코를 돌린 것처럼 되도록 바늘을 넣어 안뜨기합니다.

※돌려뜨기와 돌려뜨기 늘림코는 기호가 같습니다. 뜨개 도안에서 코가 늘어나면 돌려뜨기 늘림코, 늘어나지 않으면 돌려뜨기를 합니다.

앞단의 가로로 걸쳐진 실을 끌어 올려서 각각 그림의 방향으로 돌린 것처럼 뜹니다. 돌려뜨기와 돌려 안뜨기도 같은 방법으로 앞단의 코를 그림의 방향으로 돌린 것처럼 뜨면 됩니다.

Q 돌려뜨기 늘림코

앞단에서 가로로 걸쳐진 실을 끌어 올려, 돌린 것처럼 되도록 바늘을 넣고 겉뜨기합니다.

Q 돌려 안뜨기 늘림코

앞단에서 가로로 걸쳐진 실을 끌어 올려, 돌린 것처럼 되도록 바늘을 넣고 안뜨기합니다.

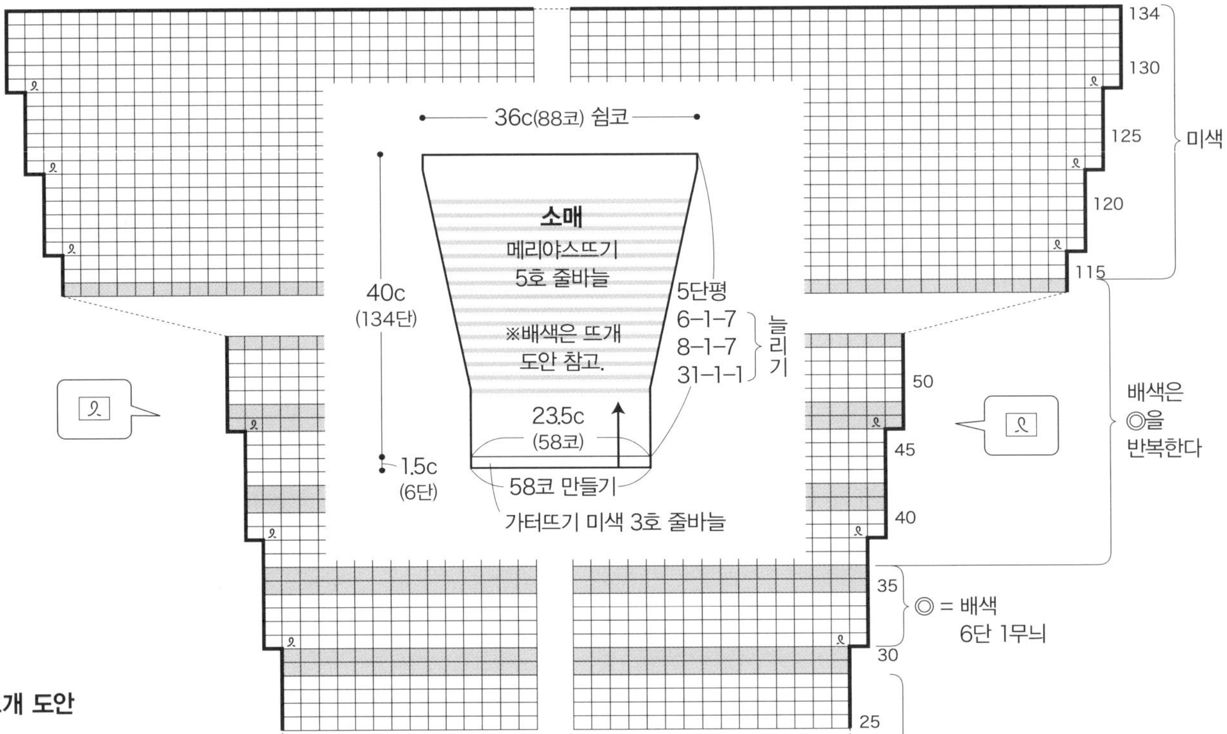

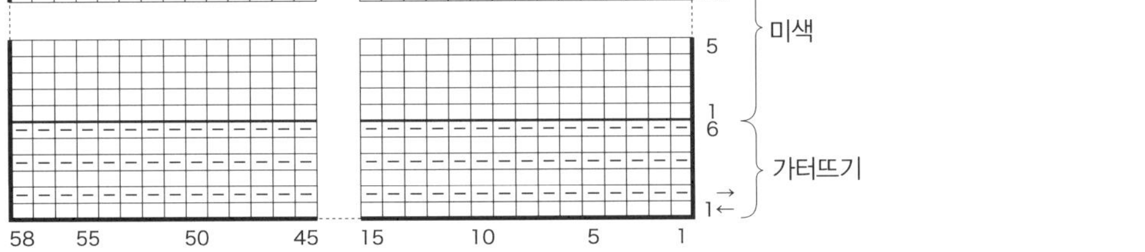

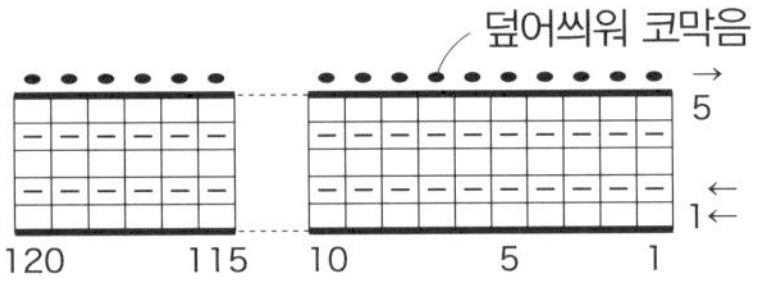

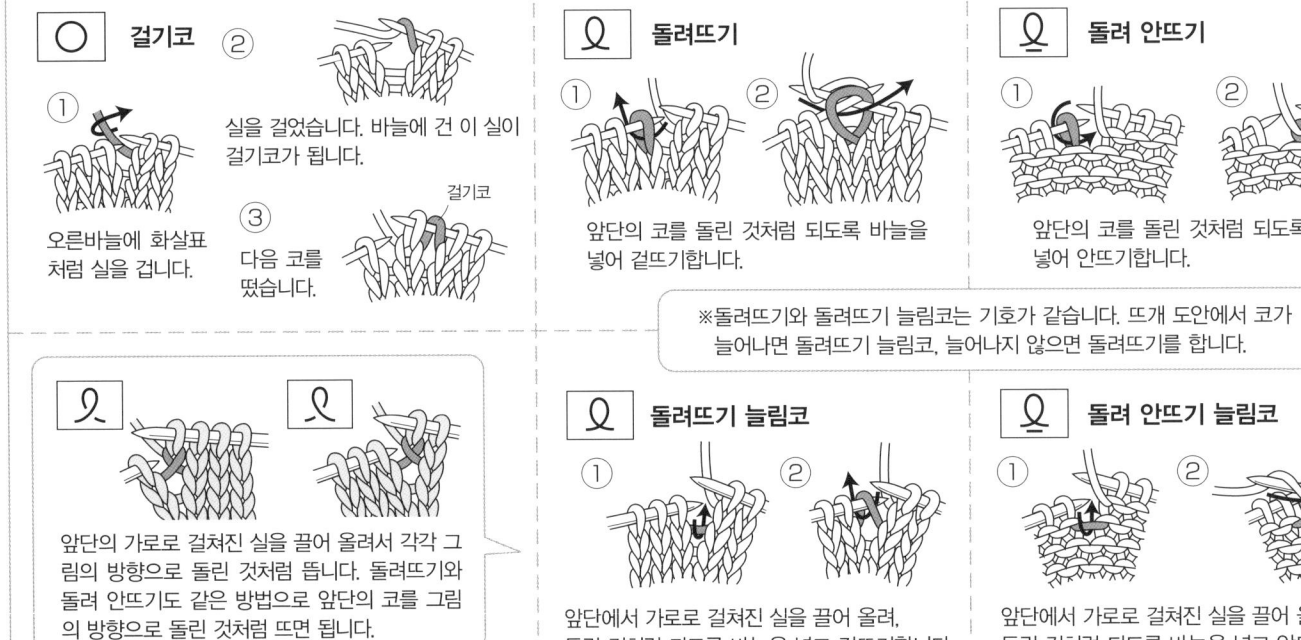

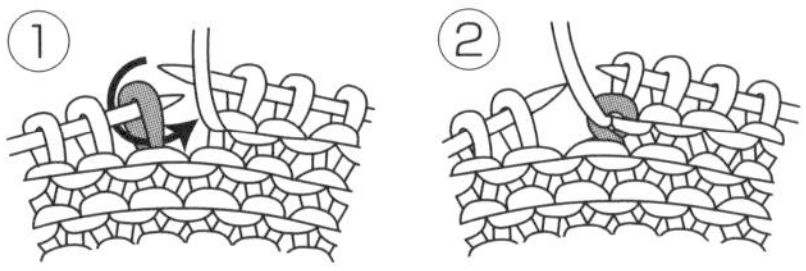

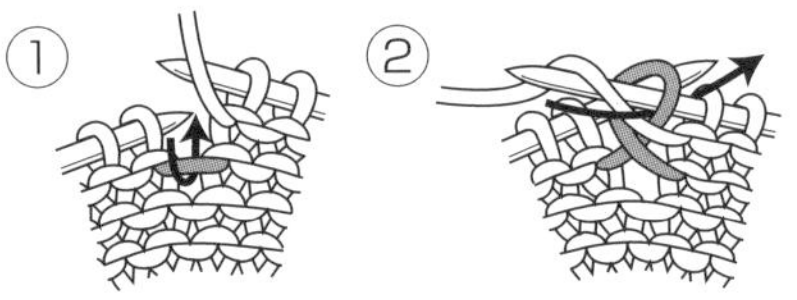

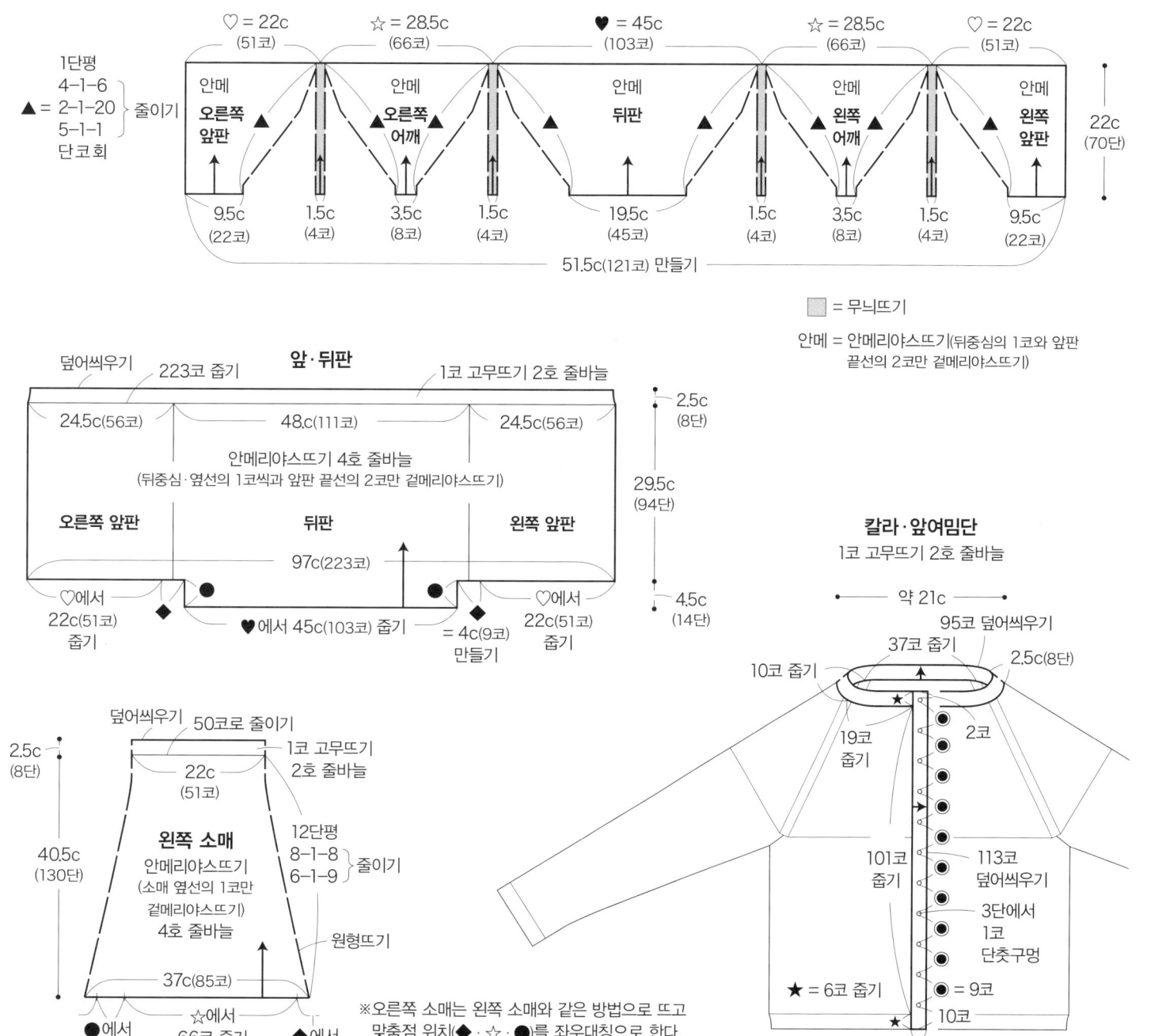

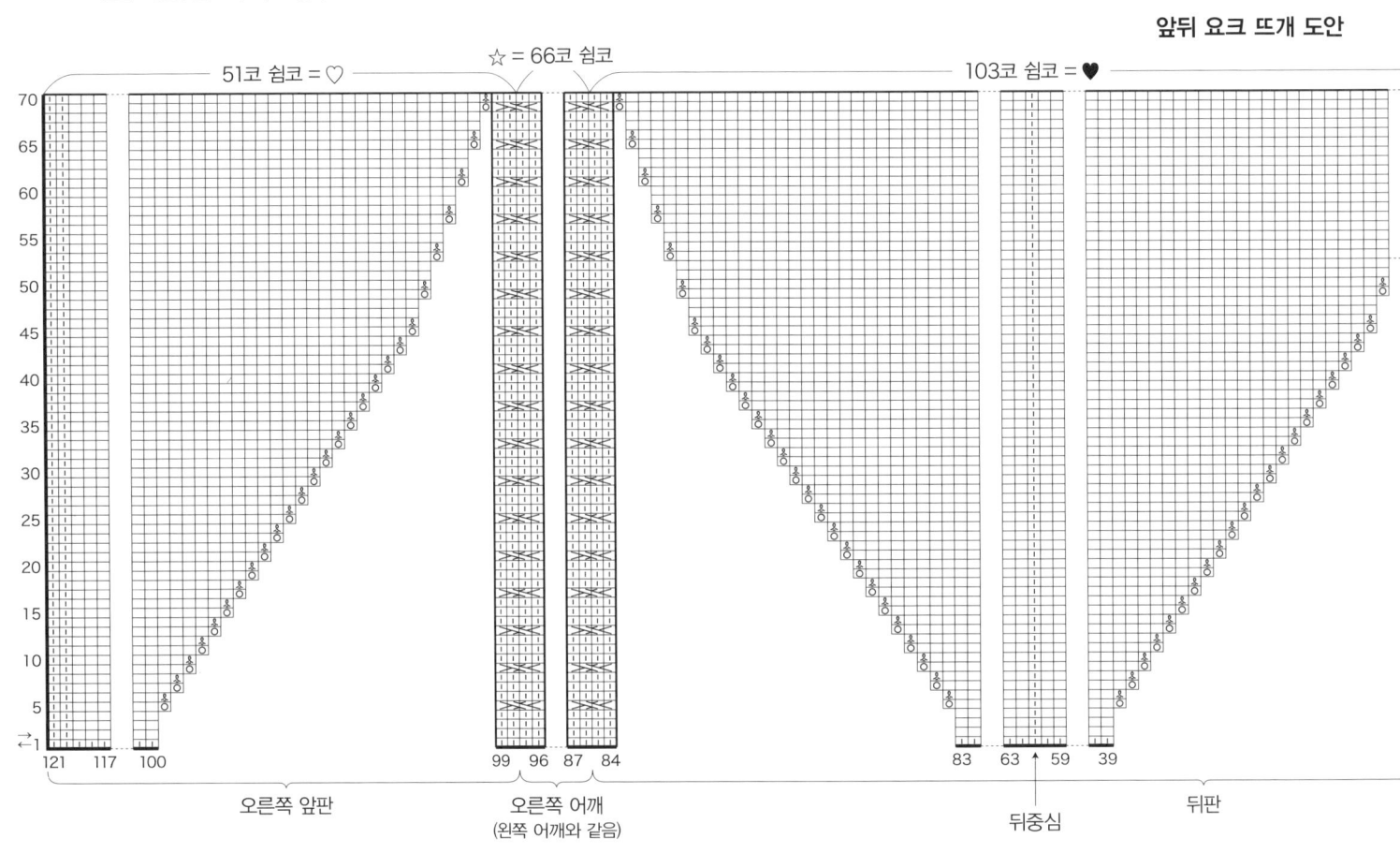

왼코 겹쳐 2코 모아 안뜨기

오른코 겹쳐 2코 모아 안뜨기

☐ = ⊟ 안뜨기 기호 생략

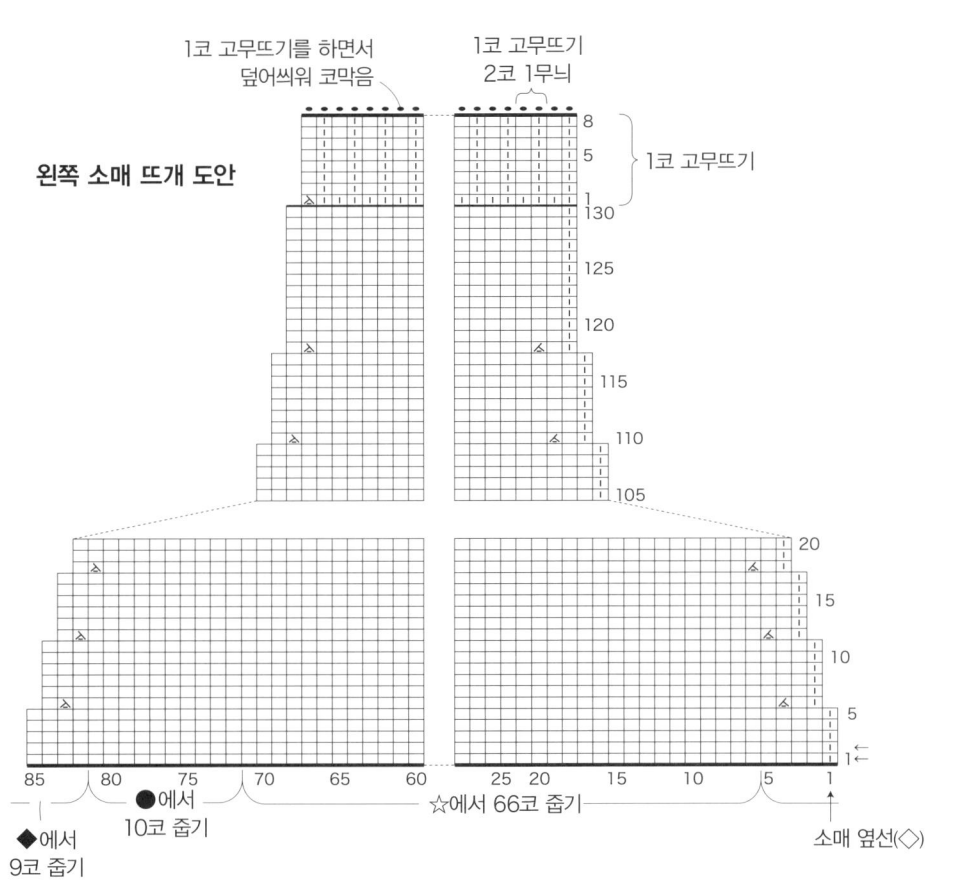

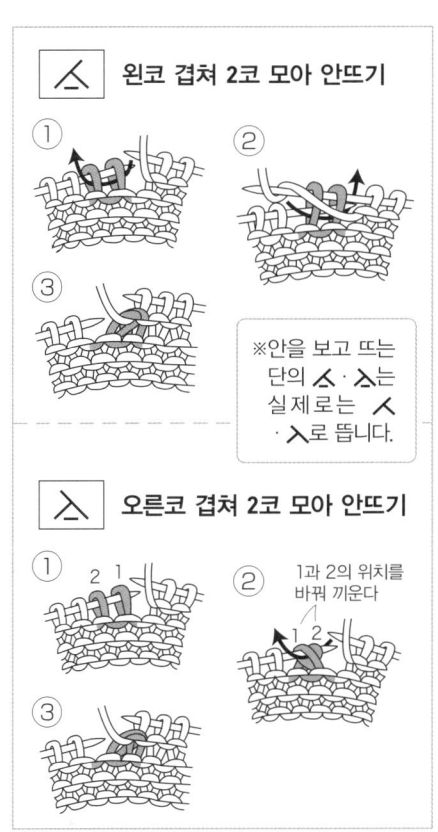

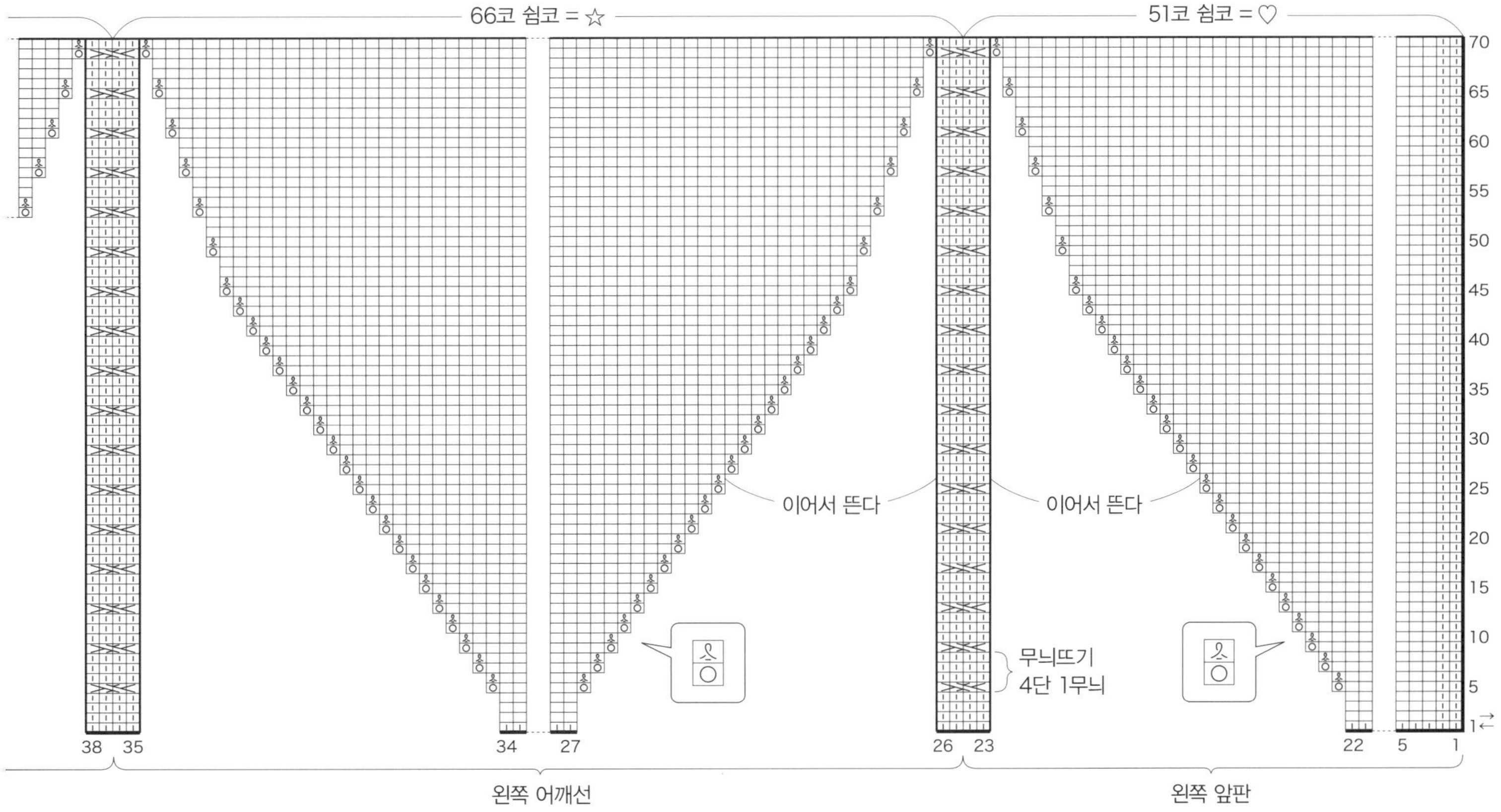

12page E

[실]
하마나카 소노모노 로열 알파카
미색 (141) 225g

[도구]
줄바늘 8호, 5호, 4호
꽈배기바늘
코바늘 6/0호

[게이지(가로세로 10cm)]
무늬뜨기 26코×31단

[완성 치수]
몸통둘레 104cm, 전체 길이 45.5cm
뒤목 중심~소맷부리 25.5cm

[뜨는 법]
(1) 나중에 푸는 기초코로 코를 잡아서 무늬뜨기로 뒤판·앞판을 뜹니다.
(2) 기초코를 풀어서 코를 줍고 1코 고무뜨기로 밑단을 뜬 다음 덮어씌워 코막음합니다.
(3) 어깨를 빼뜨기로 잇습니다.
(4) 앞·뒤판에서 코를 주워 1코 고무뜨기로 목둘레·진동둘레를 뜨고 덮어씌워 코막음합니다.
(5) 몸판 옆선, 소매 옆선을 떠서 꿰매기로 잇습니다.
(6) 밑단, 목둘레, 진동둘레를 안면으로 반 접어서 넘기고 감침질합니다.

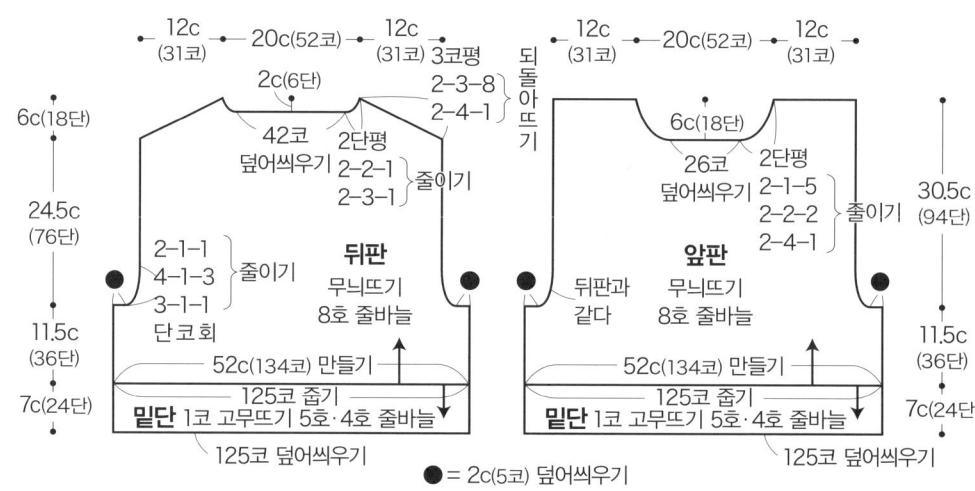

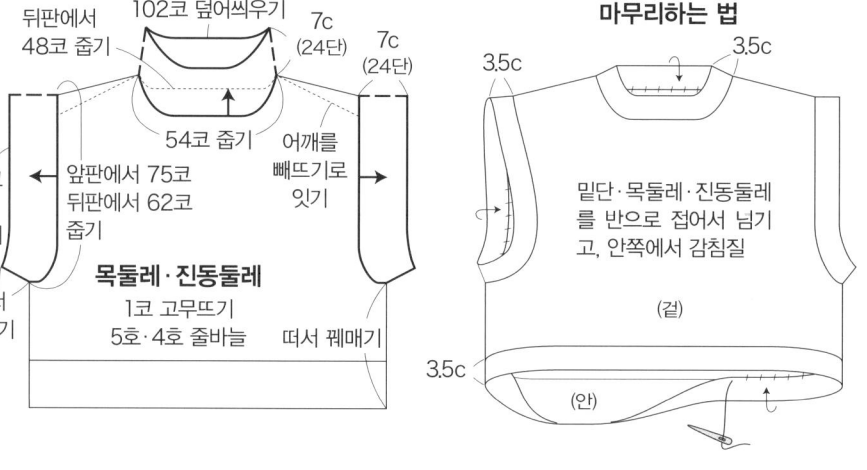

목둘레 뜨개 도안

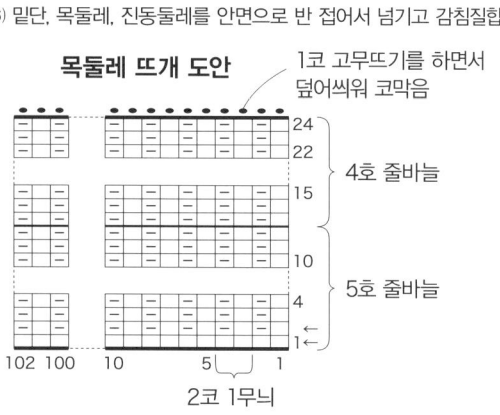

진동둘레 뜨개 도안

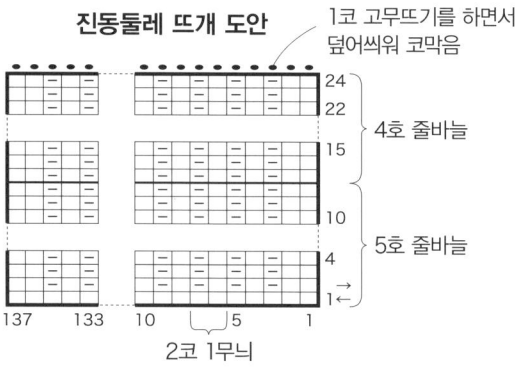

밑단 뜨개 도안

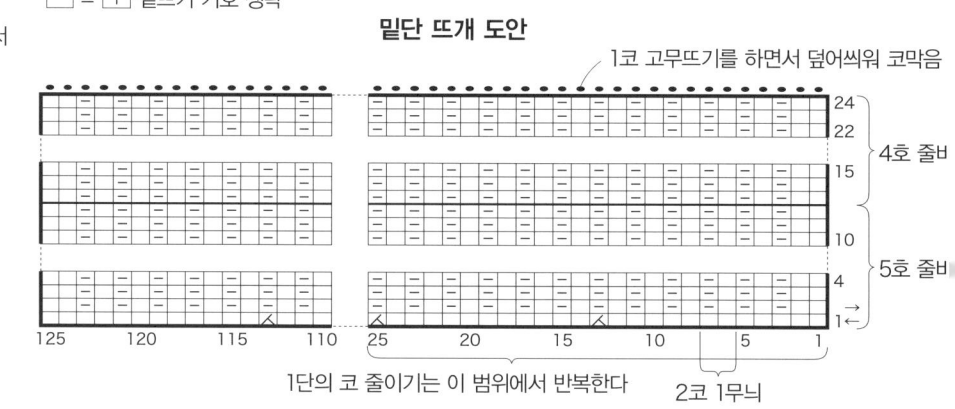

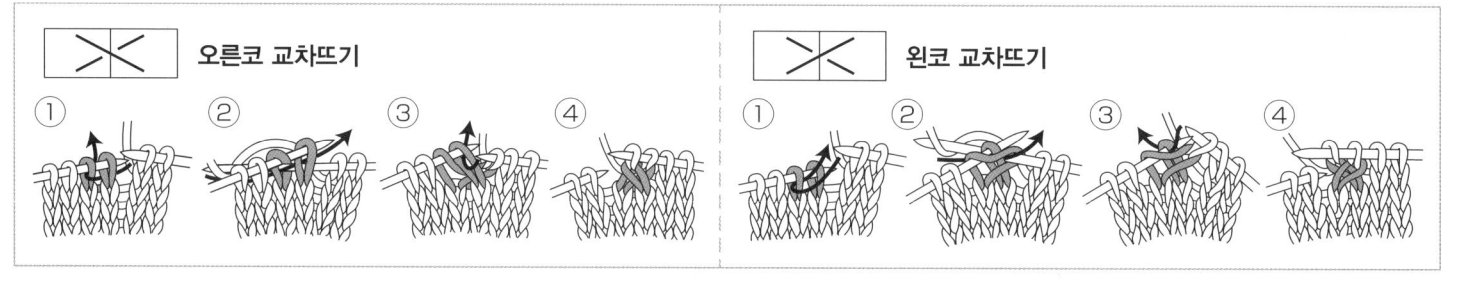

오른코 교차뜨기 / 왼코 교차뜨기

뒤쪽 어깨·뒤목둘레 뜨개 도안

앞판 뜨개 도안

16page G

[실]
DARUMA 체비엇 울
미색 (1) 700g

[부재료]
단추(21mm)×8개

[도구]
줄바늘 7호, 5호
꽈배기바늘

[게이지(가로세로 10cm)]
무늬뜨기 A 19코×27단
무늬뜨기 B 22.5코×27단

[완성 치수]
몸통둘레 105cm, 전체 길이(뒤판) 64cm
뒤목 중심~소맷부리 73.5cm

[뜨는 법]
(1) 일반적인 기초코로 코를 잡아 2코 고무뜨기, 무늬뜨기 A·B로 뒤판을 뜹니다.
(2) 일반적인 기초코로 코를 잡아 2코 고무뜨기, 무늬뜨기 A·C·C'로 좌우 앞판을 각각 뜨고 도중에 주머니 위치에 별실을 넣어 뜹니다.
(3) 일반적인 기초코로 코를 잡아 2코 고무뜨기, 무늬뜨기 A·D·E로 소매를 뜹니다.
(4) 주머니 위치의 별실을 풀어 코를 줍고 2코 고무뜨기로 주머니 입구, 메리야스뜨기로 안주머니를 뜬 뒤에 덮어씌워 코막음합니다.
(5) 주머니 입구의 옆선을 떠서 꿰매기로 잇고, 안주머니를 겉면에서 표시 나지 않도록 감침질합니다.
(6) 소매를 몸판에 코와 단 잇기로 답니다.
(7) 몸판 옆선, 소매 옆선을 떠서 꿰매기로 잇습니다.
(8) 앞·뒤판, 소매에서 코를 주워 2코 고무뜨기로 칼라를 뜨고 덮어씌워 코막음합니다.
(9) 일반적인 기초코로 코를 잡아 1코 고무뜨기로 앞여밈단을 뜨고 덮어씌워 코막음합니다.
(10) 앞여밈단을 앞판과 칼라에 떠서 꿰매기로 답니다.
(11) 단추를 답니다.

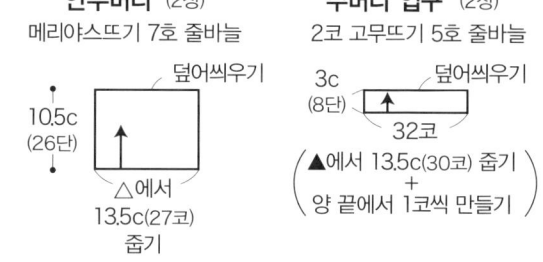

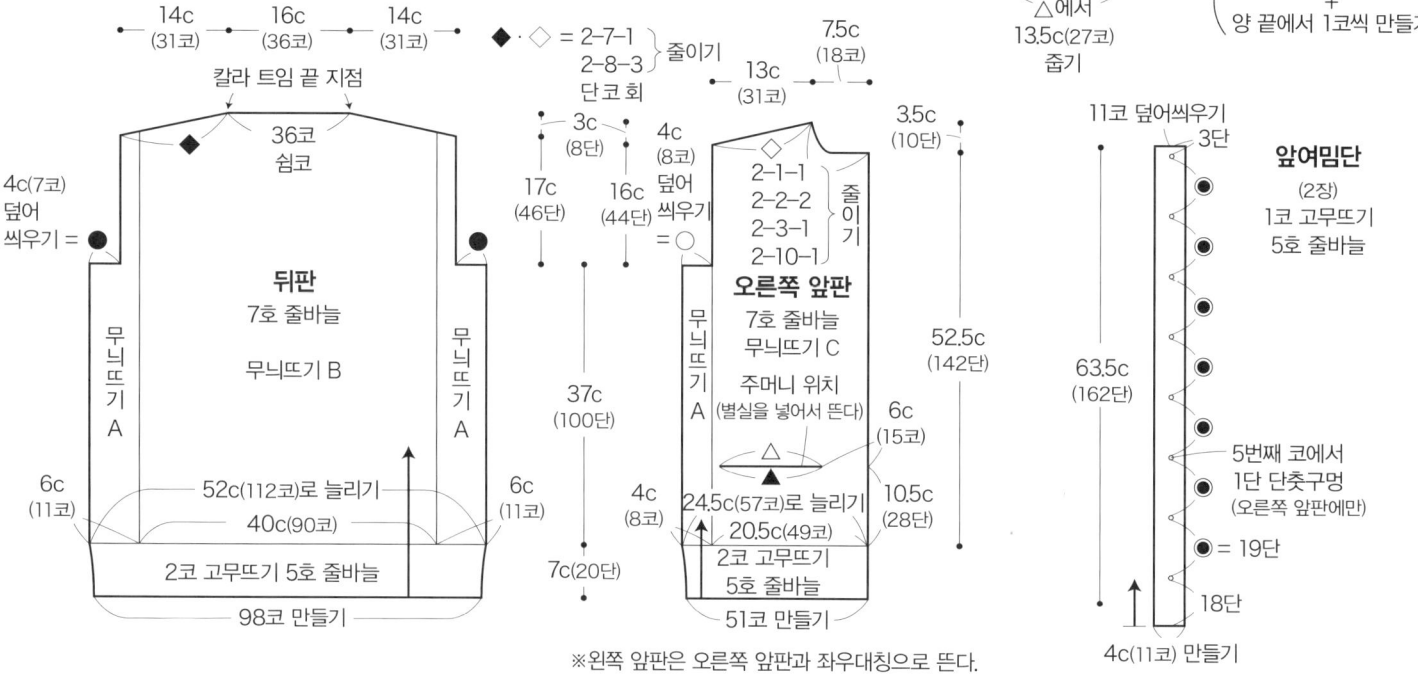

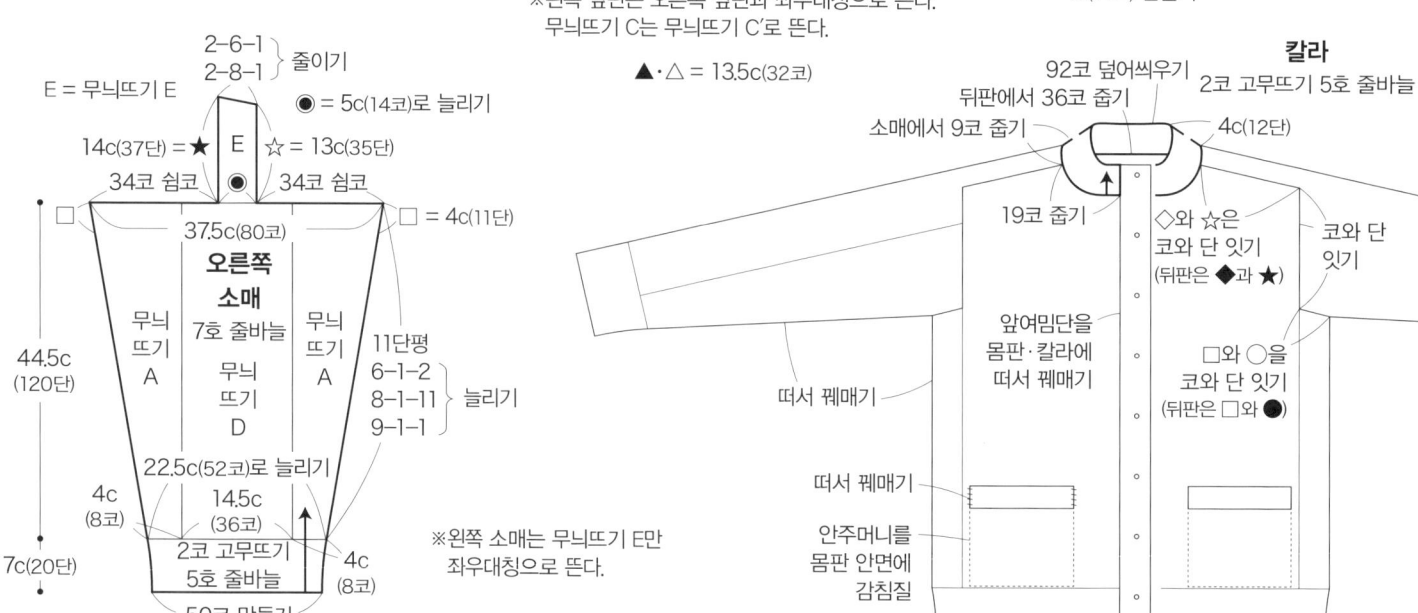

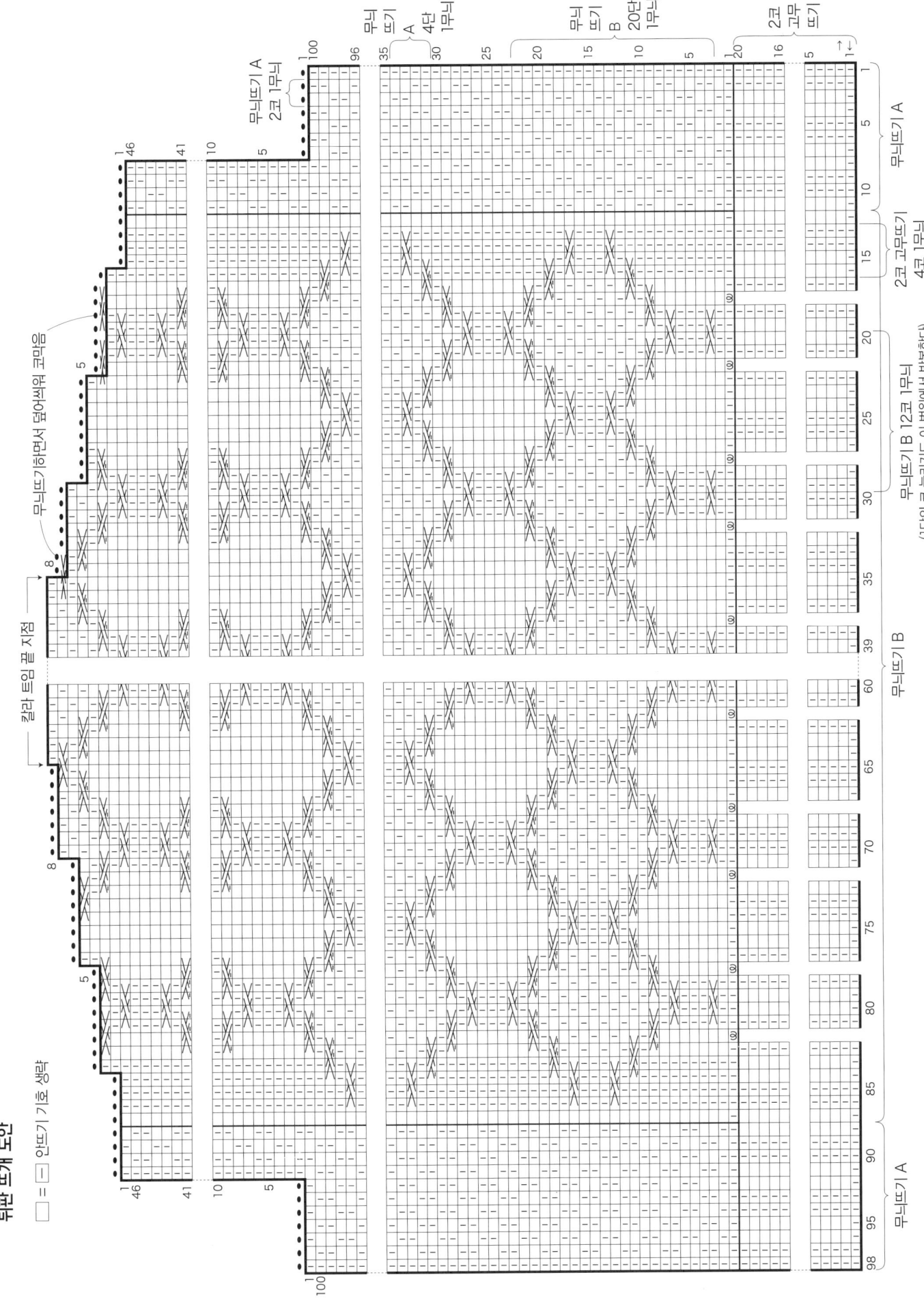

칼라 뜨개 도안

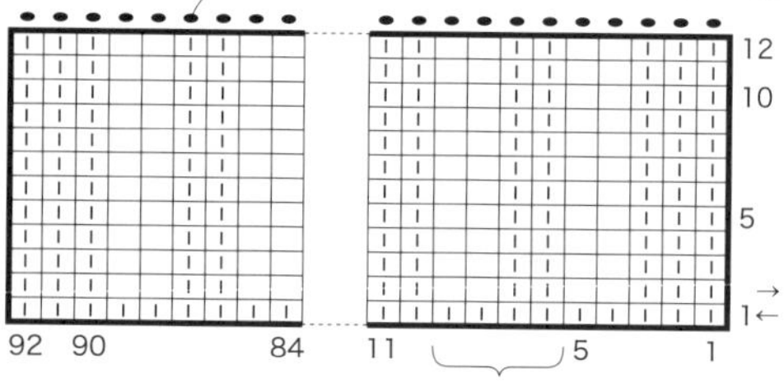

2코 고무뜨기를 하면서 덮어씌워 코막음
12
10
5
1
92 90 84 11 5 1
2코 고무뜨기
4코 1무늬

4 3 2 1

① 코 1~3을 꽈배기바늘에 옮겨 앞쪽에 쉬게 둔다.
② 코 4를 안뜨기한다.
③ 꽈배기바늘에 쉬게 둔 코 1~3을 돌려뜨기, 안뜨기, 돌려뜨기 순으로 뜬다.

4 3 2 1

① 코 1을 꽈배기바늘에 옮겨 뒤쪽에 쉬게 둔다.
② 코 2~4를 돌려뜨기, 안뜨기, 돌려뜨기 순으로 뜬다.
③ 꽈배기바늘에 쉬게 둔 코 1을 안뜨기한다.

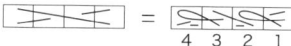

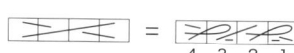

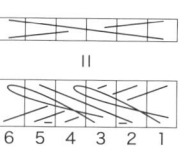

6 5 4 3 2 1

① 코 1~3을 꽈배기바늘에 옮겨 앞쪽에 쉬게 둔다.
② 코 4~6을 겉뜨기, 안뜨기, 겉뜨기 순으로 뜬다.
③ 코 1~3을 돌려뜨기, 안뜨기, 돌려뜨기 순으로 뜬다.

오른쪽 앞판 뜨개 도안

□ = ⊟ 안뜨기 기호 생략

덮어씌워 코막음
8
10
5
1
44
40
35
142
135
10
5
1
100
96
110
105
100
96
35
30
25
20
15
10
5
1
주머니 위치
(별실을 넣어서 뜬다)
무늬뜨기 A 4단 1무늬
무늬뜨기 C 24단 1무늬
20
16
5
1
2코 고무뜨기
51 45 40 35 30 25 20 15 10 5 1
무늬뜨기 A
무늬뜨기 C
2코 고무뜨기
4코 1무늬

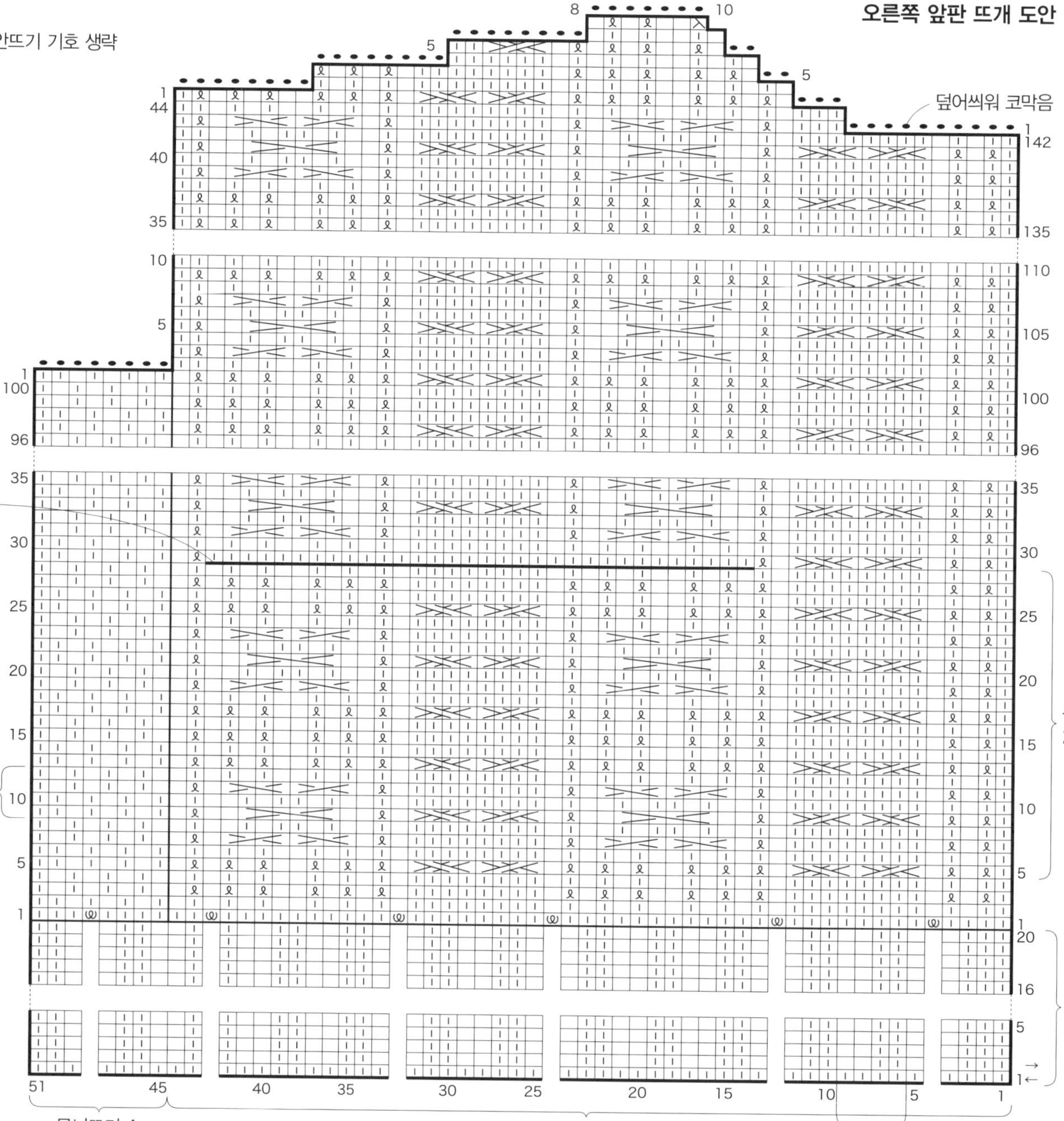

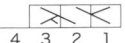

① 코 1~2를 꽈배기바늘에 옮겨 앞쪽에 쉬게 둔다.
② 코 3~4를 ⋌로 뜬다.
③ 꽈배기바늘에 쉬게 둔 코 1~2를 순서대로 겉뜨기한다.

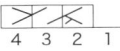

① 코 1~2를 꽈배기바늘에 옮겨 뒤쪽에 쉬게 둔다.
② 코 3~4를 순서대로 겉뜨기한다.
③ 꽈배기바늘에 쉬게 둔 코 1~2를 ⋋로 뜬다.

안주머니 뜨개 도안

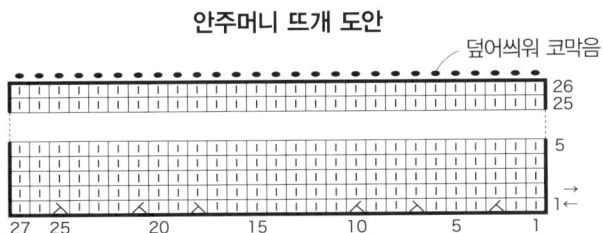

주머니 입구 뜨개 도안

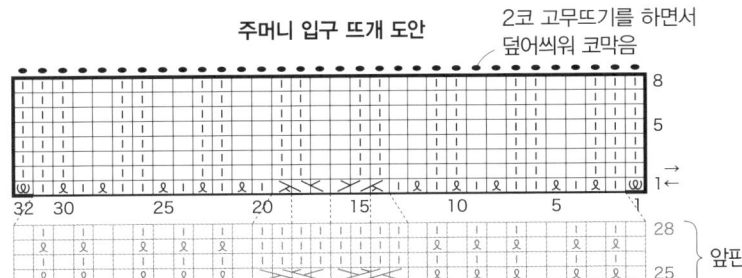

왼쪽 앞판 뜨개 도안

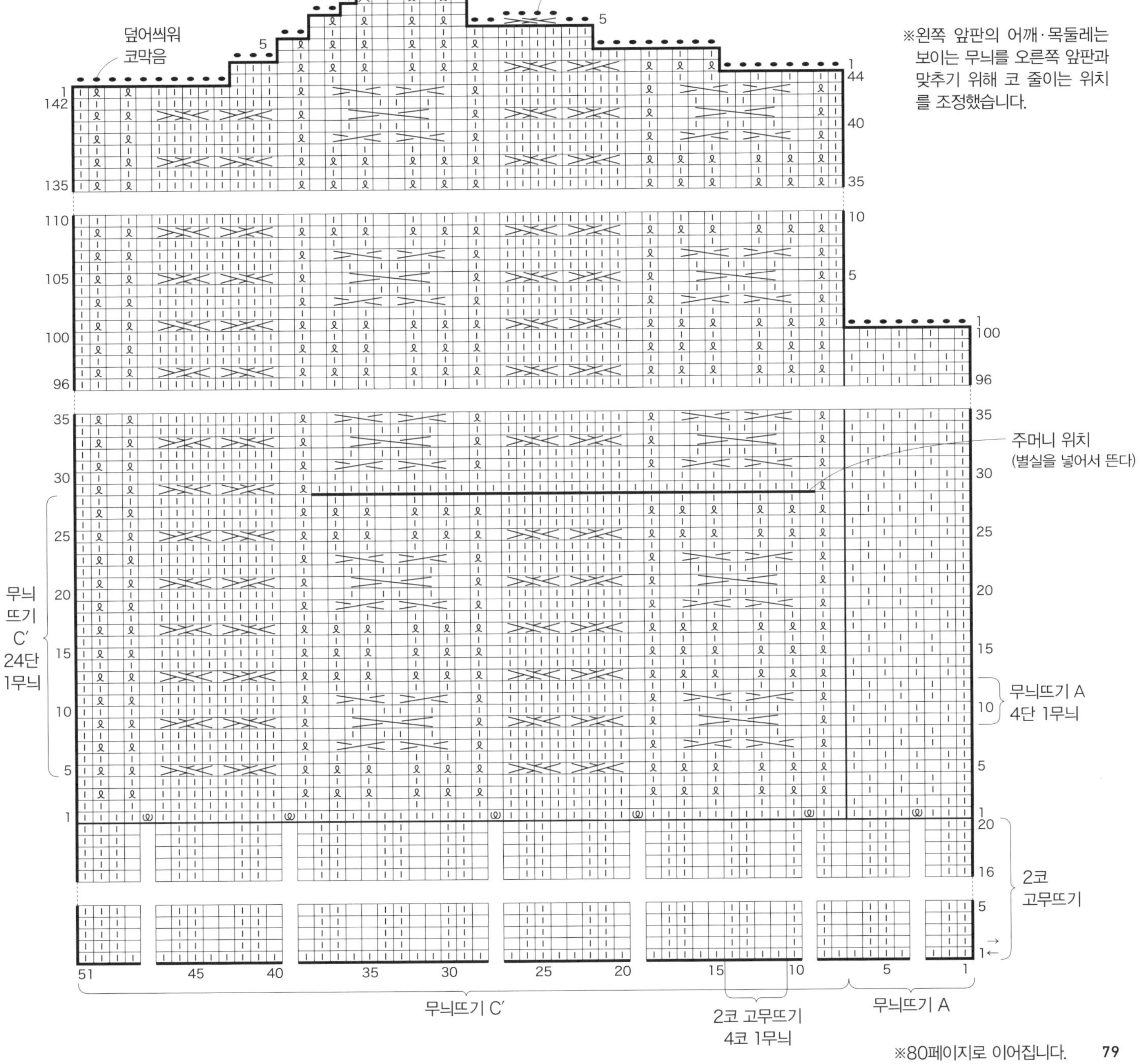

※ 왼쪽 앞판의 어깨·목둘레는 보이는 무늬를 오른쪽 앞판과 맞추기 위해 코 줄이는 위치를 조정했습니다.

무늬뜨기 C′ 24단 1무늬

무늬뜨기 A 4단 1무늬

주머니 위치 (별실을 넣어서 뜬다)

2코 고무뜨기

무늬뜨기 C′

2코 고무뜨기 4코 1무늬

무늬뜨기 A

※80페이지로 이어집니다.

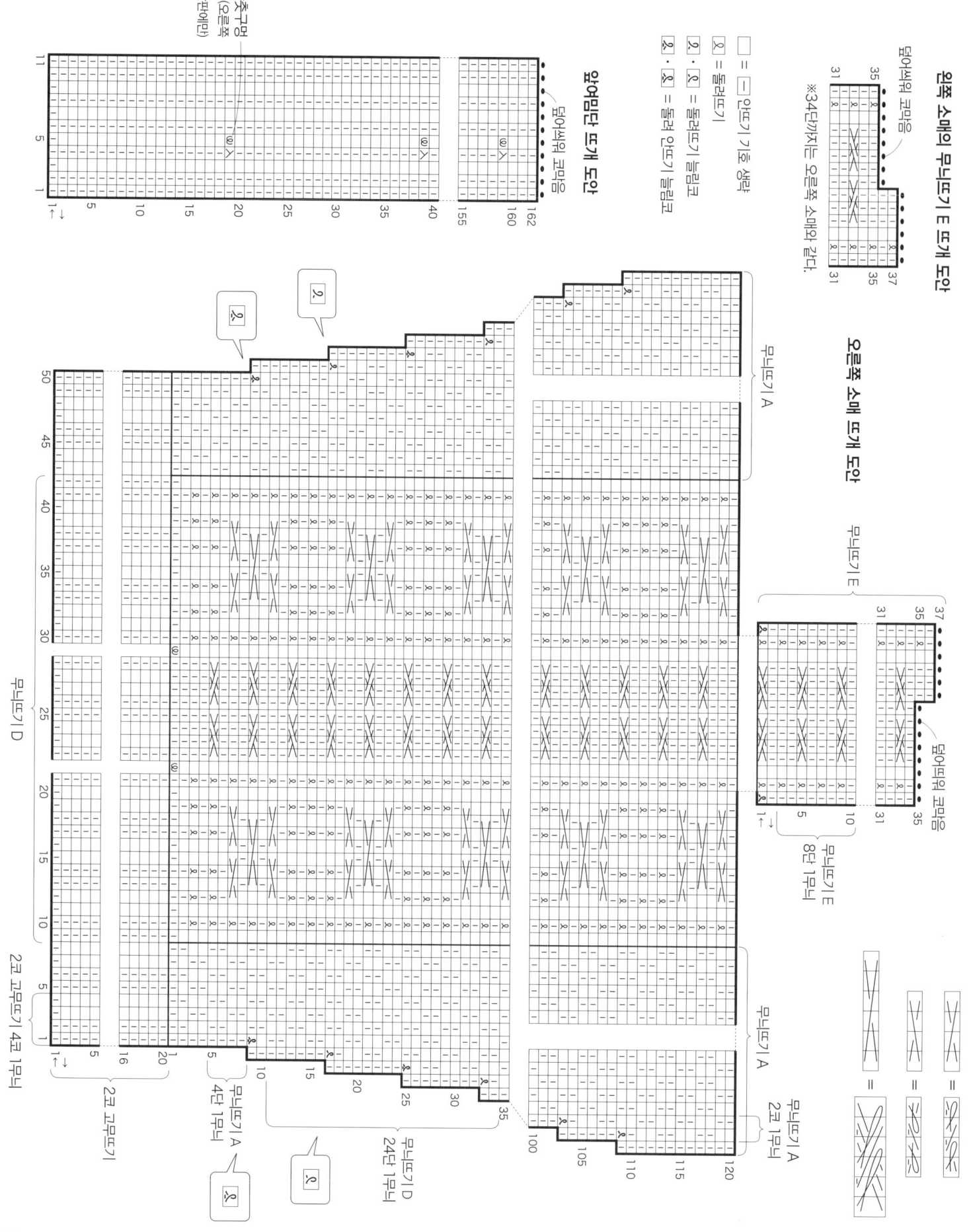

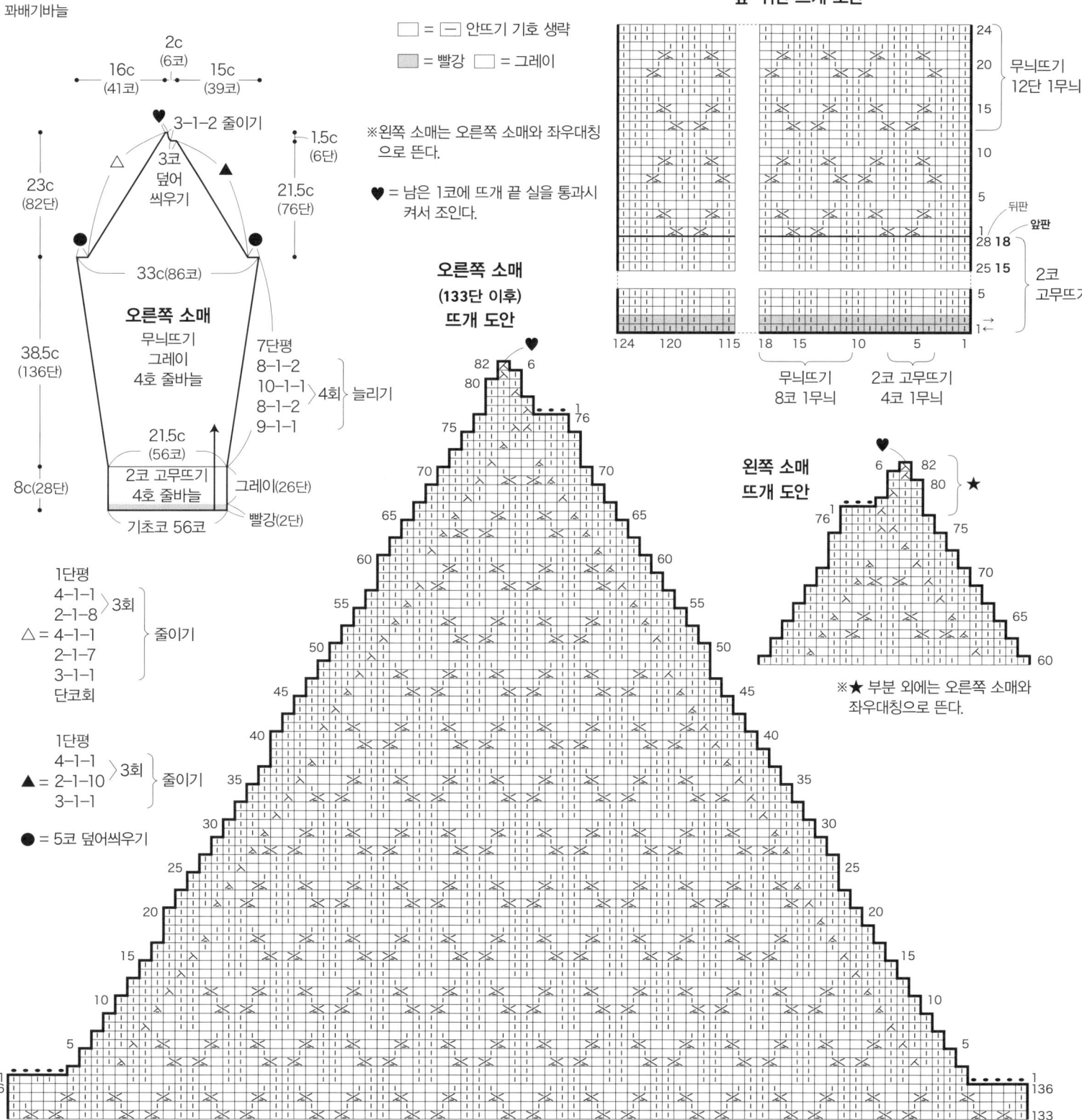

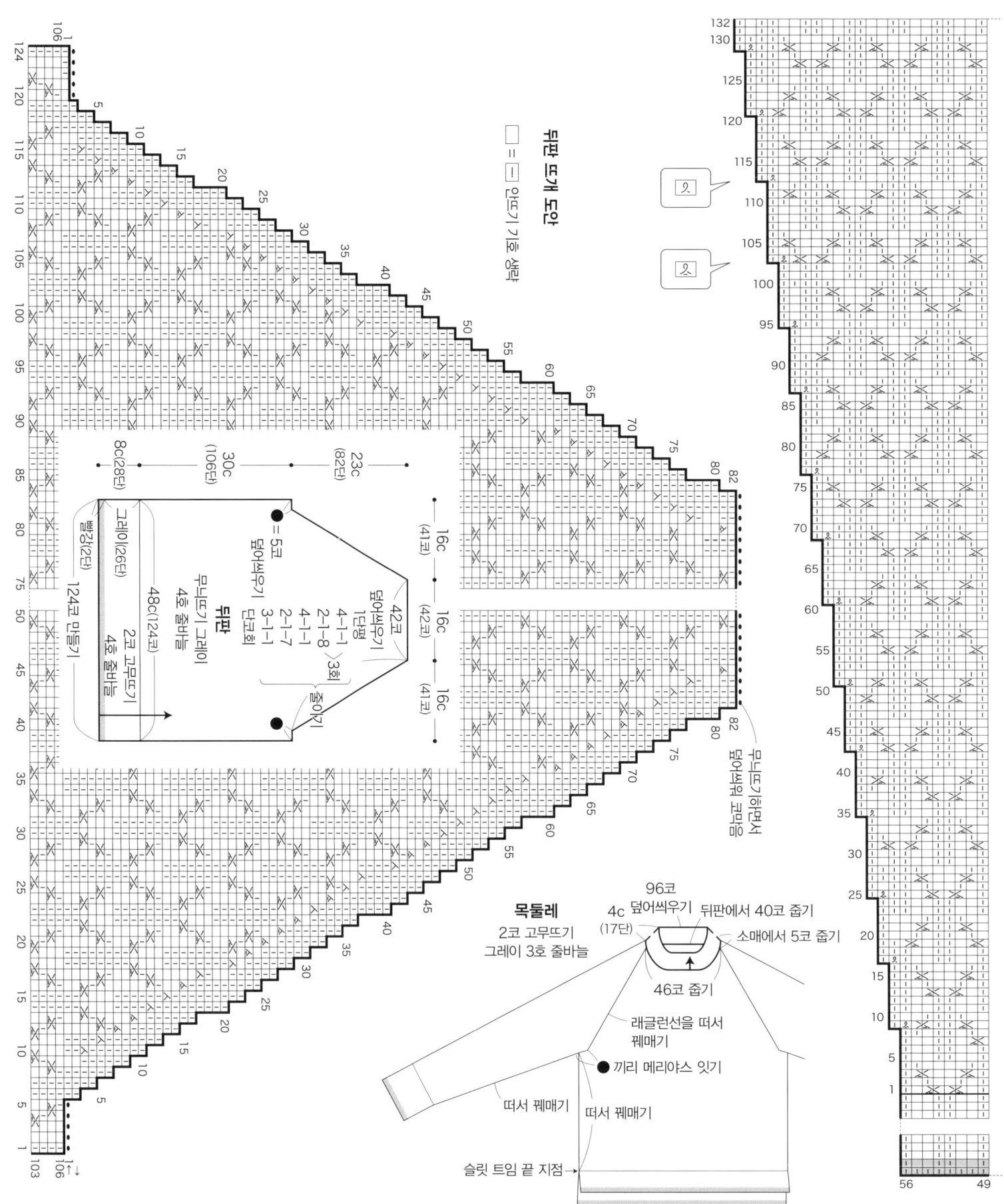

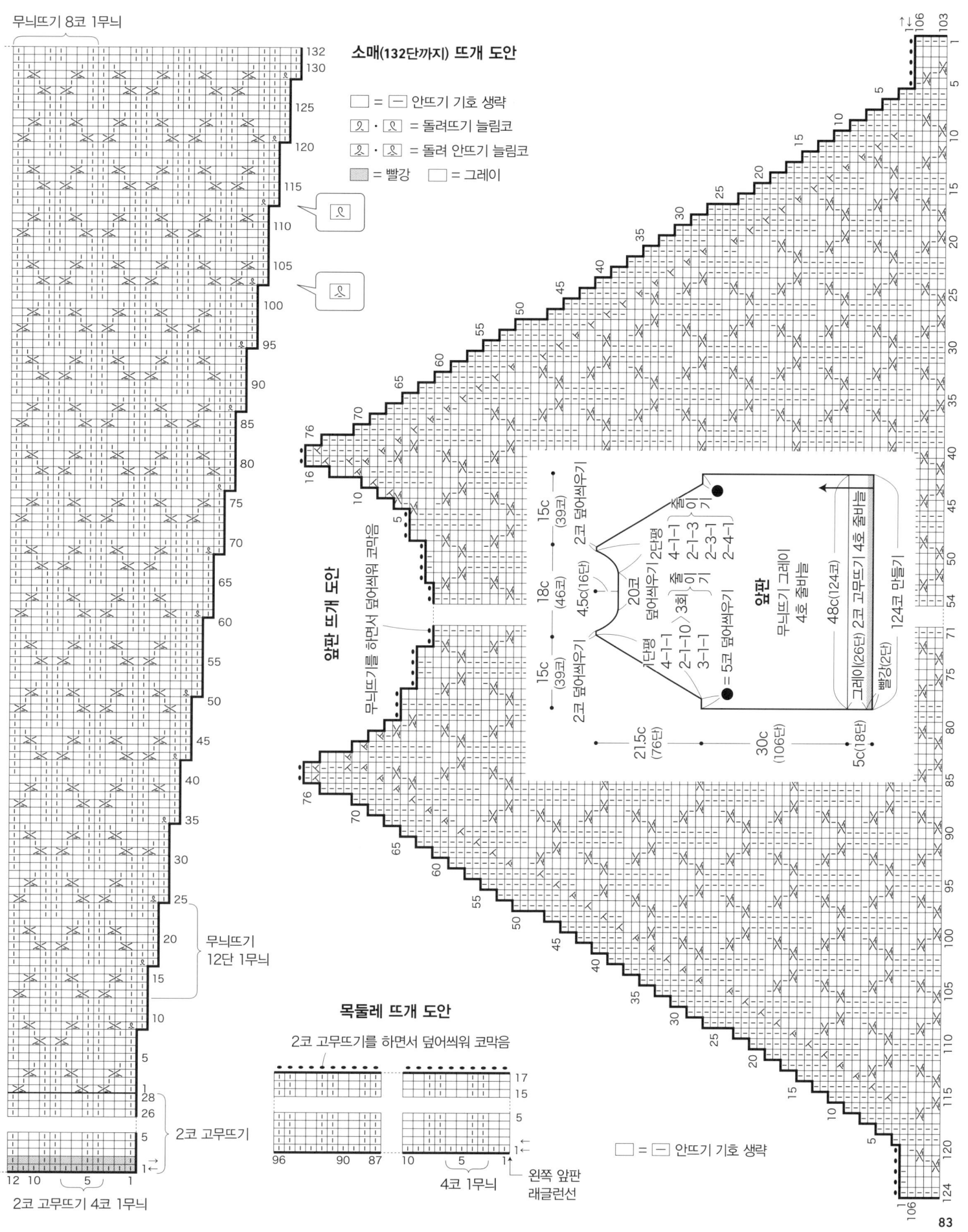

20page I

[실]
ROWAN Tweed Haze
카키색 (554) 490g

[도구]
줄바늘 11호, 10호
코바늘 8/0호

[게이지(가로세로 10cm)]
무늬뜨기 14.5코×21단

[완성 치수]
몸통둘레 119.5cm, 전체 길이 96.5cm
뒤목 중심~소맷부리 76cm

[뜨는 법]
(1) 일반적인 기초코로 코를 잡아 무늬뜨기로 뒤판, 좌우 앞판, 소매, 주머니를 각각 뜹니다.
(2) 소매를 몸판에 코와 단 잇기로 답니다.
(3) 몸판 옆선, 소매 옆선을 떠서 꿰매기로 잇습니다.
(4) 주머니를 떠서 꿰매기와 메리야스 잇기로 몸판에 답니다.
(5) 몸판, 소매에서 코를 주워 아이코드 코막음으로 목둘레를 뜹니다.
(6) 앞판 끝선에 빼뜨기를 합니다.

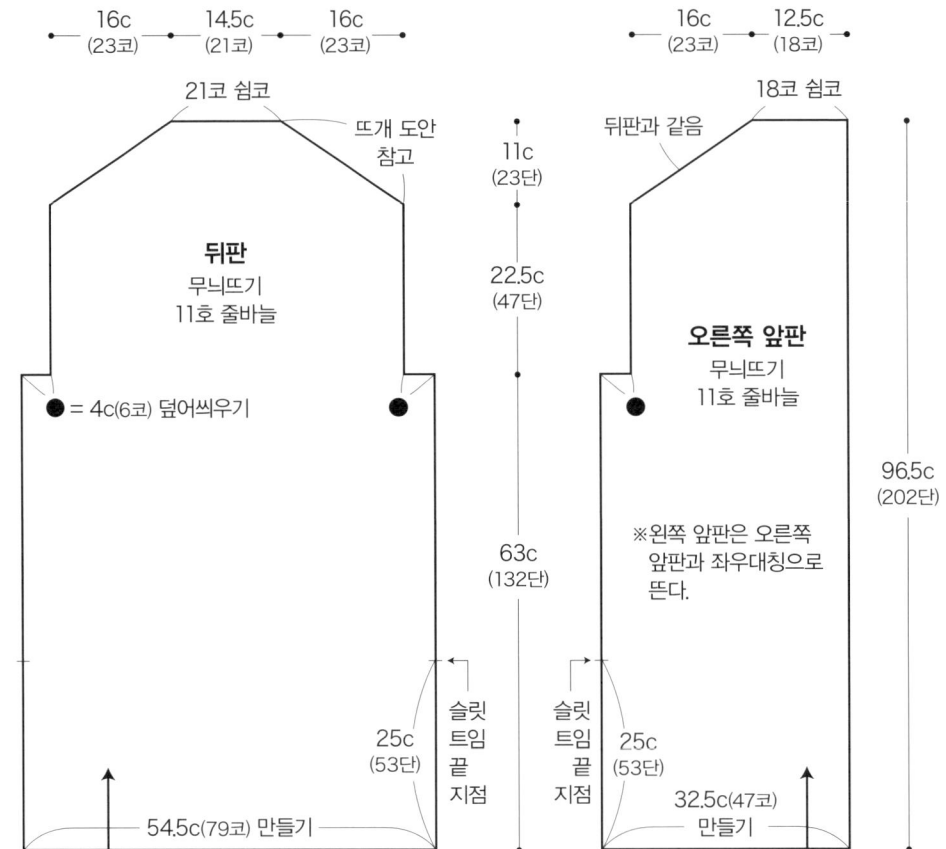

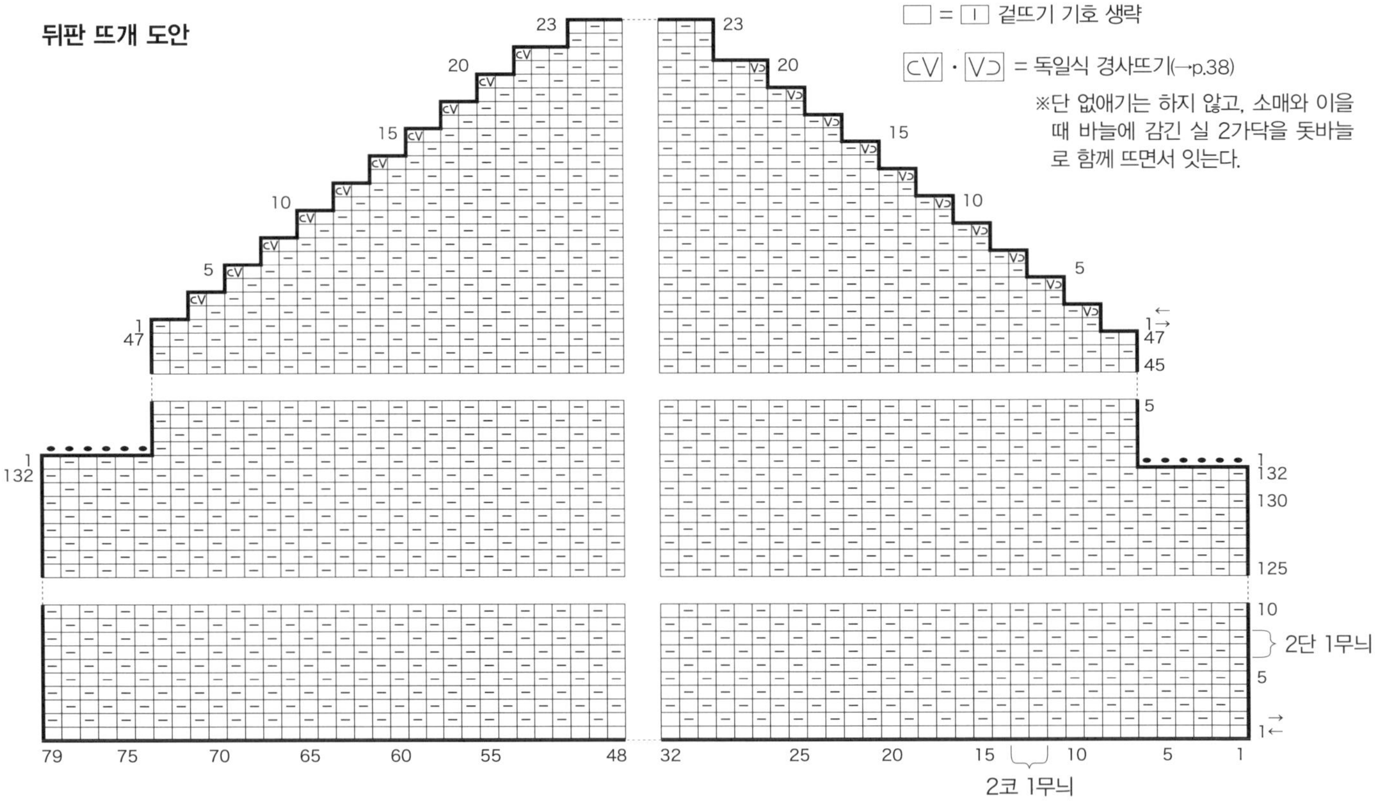

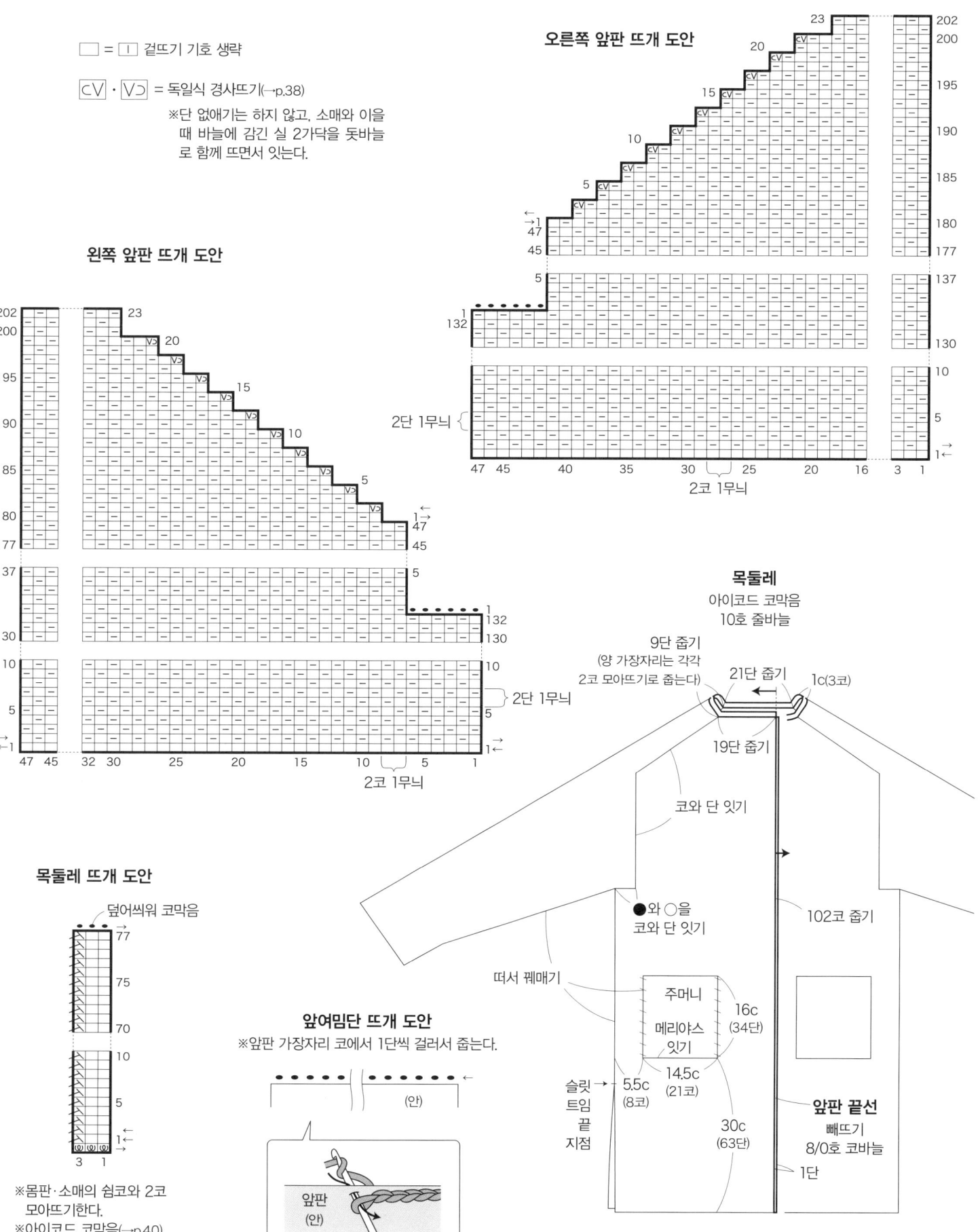

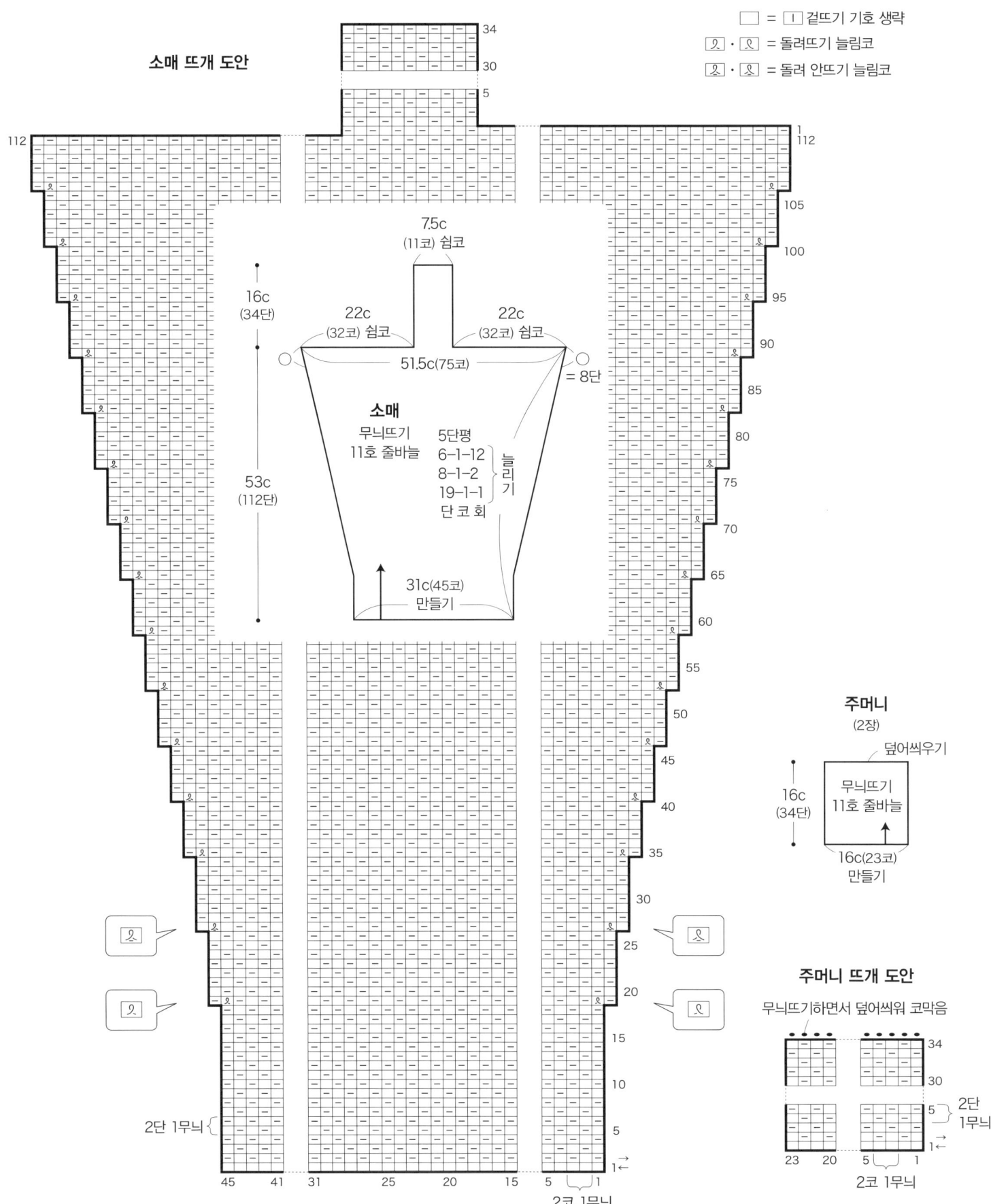

31page P

[실]
퍼피 셰틀랜드
밀키화이트 (8) 65g

[도구]
줄바늘 4호, 3호
코바늘 3/0호(기초코용)

[게이지(가로세로 10cm)]
무늬뜨기 23.5코×30.5단

[완성 치수]
머리둘레 52cm

[뜨는 법]
(1) 나중에 푸는 기초코로 코를 잡아 무늬뜨기로 몸판을 원형뜨기합니다.
(2) 뜨개 끝은 조여서 코막음합니다.
(3) 기초코를 풀고 코를 주워 메리야스뜨기로 모자 입구를 뜨고 덮어씌워 코막음합니다.
(4) 모자 입구를 안쪽으로 반 접어 넣고 감침질합니다.

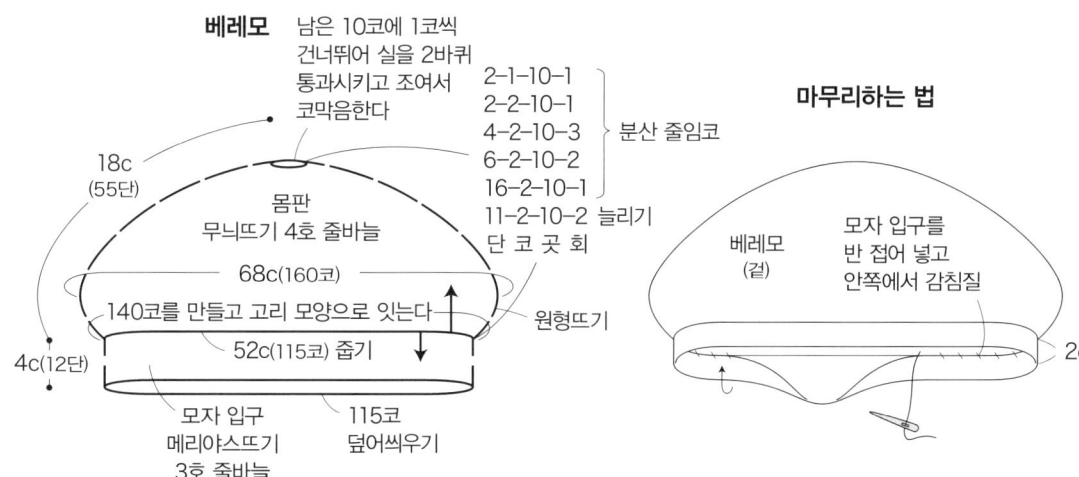

□ = ─ 안뜨기 기호 생략
= 오른코 위 돌려 2코 모아뜨기
= 오른쪽 위 돌려 3코 모아뜨기

【A단】
앞단의 1코에서 돌려뜨기, 걸기코, 돌려뜨기 순으로 3코를 뜬다.

【B단】
A단에서 뜬 코를 돌려뜨기, 돌려 안뜨기, 돌려뜨기 순으로 뜬다.

모자 입구 뜨개 도안

1단 코 줄이기는 이 범위를 전부 5회 반복한다

몸판 뜨개 도안

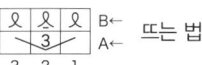

이어서 뜬다   무늬뜨기 1무늬

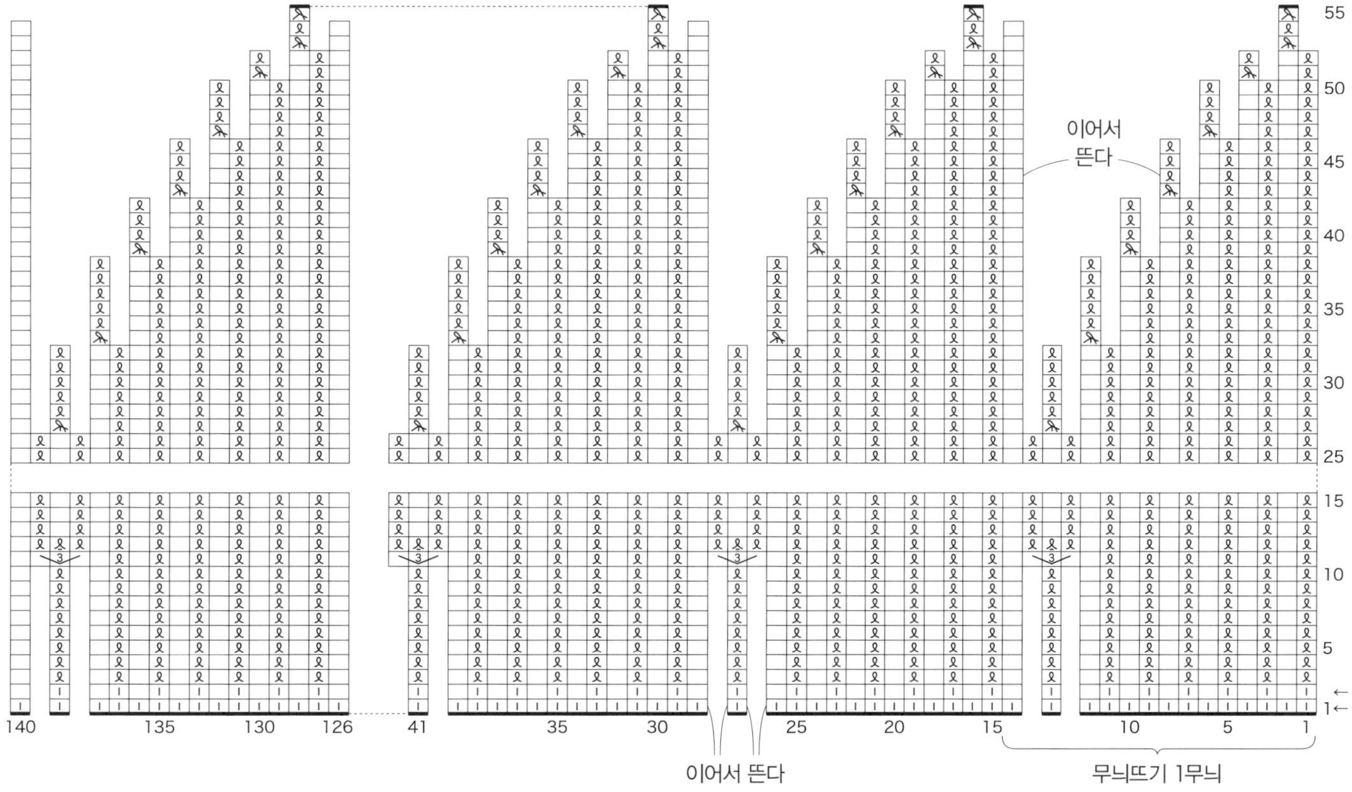

26page L

[실]
하마나카 소노모노 로열 알파카
미색 (141) 120g
하마나카 메리노 울 퍼
오프화이트 (9) 100g

[도구]
줄바늘 7호

[게이지(가로세로 10cm)]
무늬뜨기(소노모노 로열 알파카) 30코×40단
안메리야스뜨기(메리노 울 퍼) 12코×25.5단
무늬뜨기 15코×33단

[완성 치수]
둘레 120cm, 너비 18cm

[뜨는 법]
(1) 일반적인 기초코로 코를 잡아 무늬뜨기, 안메리야스뜨기로 스누드를 원형뜨기합니다.
(2) 뜨개 시작 부분과 뜨개 끝 부분을 맞대고 가터 잇기를 합니다.

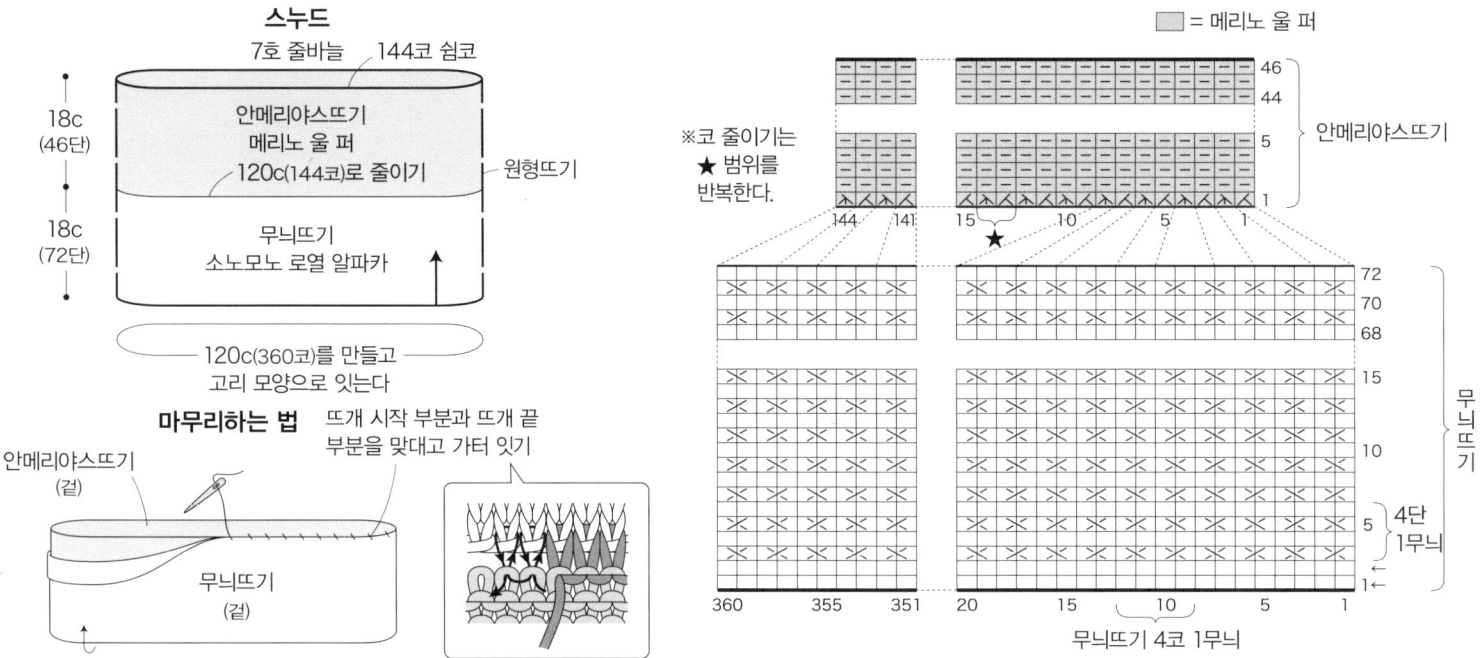

28page N

[실]
리치모어 엑설런트 모헤어 '카운트10'
블루그레이 (25) 70g
갈색 (62) 70g

[도구]
줄바늘 5호

[게이지(가로세로 10cm)]
가터뜨기 23코×37단
무늬뜨기 23코×33단

[완성 치수]
그림 참고

[뜨는 법]
※실은 모두 2겹으로 뜹니다.
(1) 일반적인 기초코로 코를 잡아서 가터뜨기, 무늬뜨기로 스톨을 뜹니다.
(2) 마무리는 덮어씌워 코막음합니다.

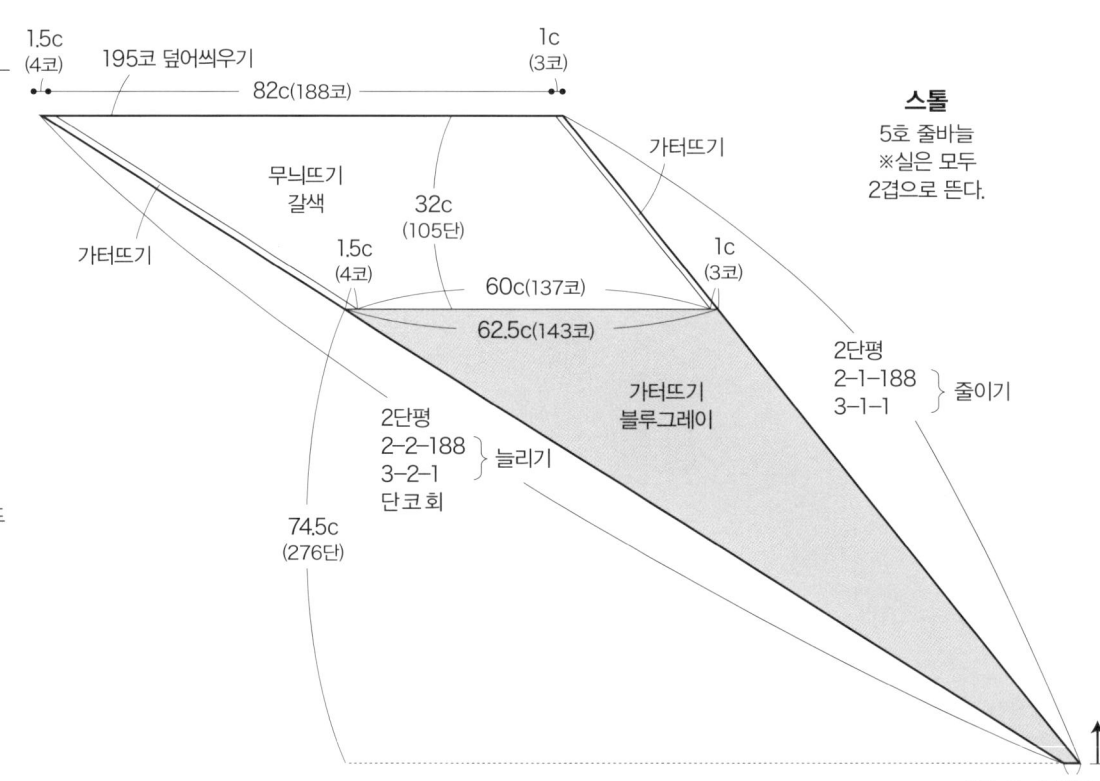

스톨 뜨개 도안

□ = Ｉ 겉뜨기 기호 생략
▨ = 블루그레이
□ = 갈색

▱ = Ｉ Ω Ｉ
앞단의 1코에서 겉뜨기, 돌려뜨기, 겉뜨기 순으로 3코를 뜬다.

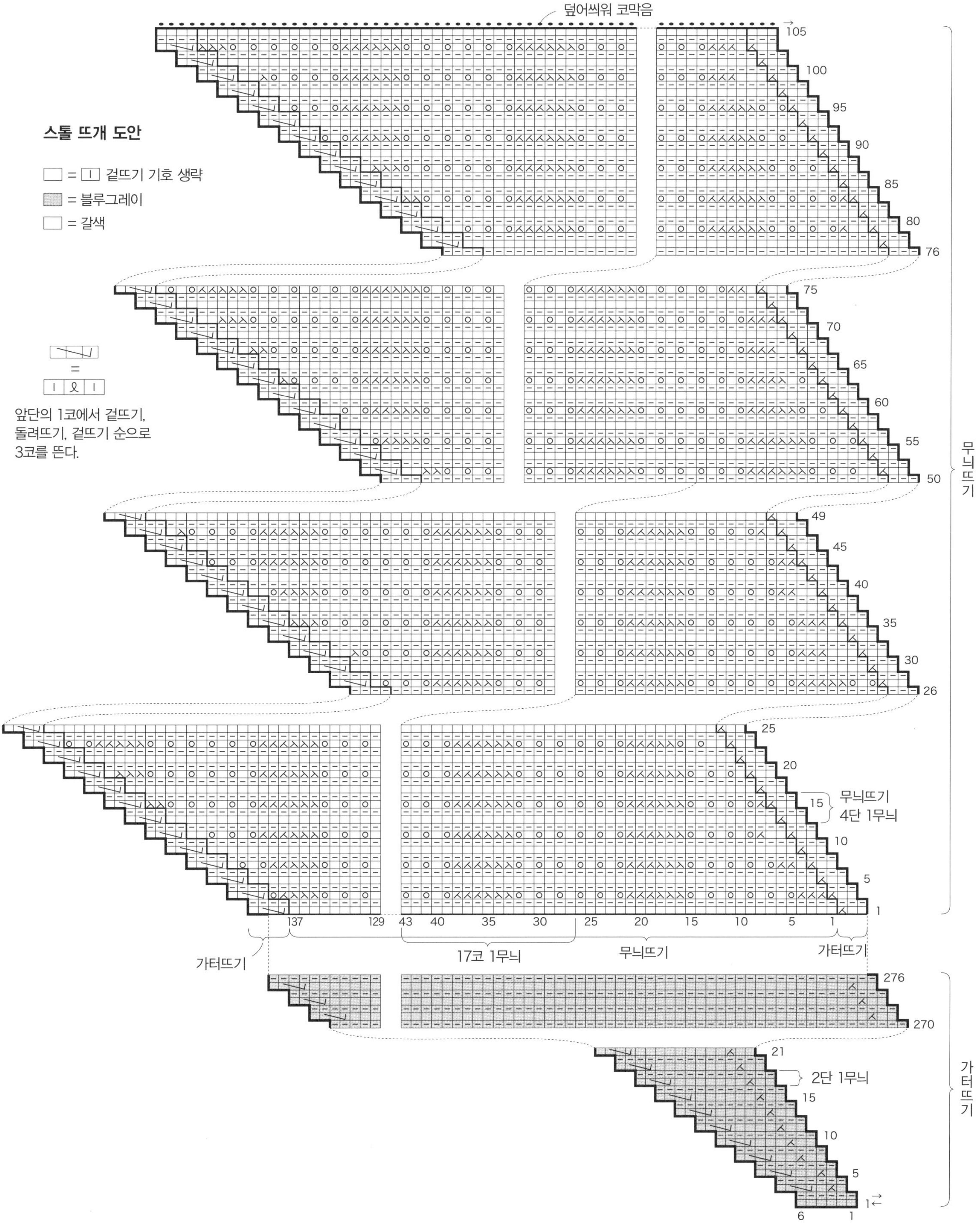

덮어씌워 코막음

무늬뜨기 4단 1무늬

17코 1무늬 무늬뜨기

가터뜨기

2단 1무늬

가터뜨기

30page O

[실]
리치모어 캐시미어 그레이스
미색 (1) 35g
검정 (6) 25g

[도구]
줄바늘 7호

[게이지(가로세로 10cm)]
무늬뜨기 15코×33.5단

[완성 치수]
목둘레 58.5cm, 너비 16.5cm

[뜨는 법]
(1) 일반적인 기초코로 코를 잡아서 무늬뜨기로 넥 워머를 원형뜨기합니다.
(2) 마무리는 덮어씌워 코막음합니다.

넥 워머 뜨개 도안

- 88코 덮어씌우기
- 넥 워머: 무늬뜨기, 7호 줄바늘, 원형뜨기
- 16.5c (55단)
- 58.5c(88코)를 만들고 고리 모양으로 잇는다
- ※배색은 뜨개 도안 참고.

□ = │ 겉뜨기 기호 생략
□ = 미색
■ = 검정

무늬뜨기 10단 1무늬
4코 1무늬

36page S

[실]
ROWAN Sock
초록 (003) 70g

[도구]
줄바늘 1호
꽈배기바늘

[게이지(가로세로 10cm)]
무늬뜨기 A 35코×40단
2코 고무뜨기 37.5코×40단

[완성 치수]
사이즈 22.5cm
※뜨개바탕에 신축성이 있어서 늘려 신을 수 있습니다.

[뜨는 법]
(1) 주디스 매직 코잡기로 기초코를 잡아서 메리야스뜨기로 발끝을 원형뜨기합니다.
(2) 무늬뜨기 A, 2코 고무뜨기, 메리야스뜨기로 발등·발바닥을 이어서 원형뜨기합니다.
(3) 메리야스뜨기, 무늬뜨기 B로 발뒤꿈치를 왕복뜨기합니다.
(4) 무늬뜨기 A, 2코 고무뜨기로 발목과 양말 입구를 원형뜨기하고 덮어씌워 코막음합니다.

◆ = 독일식 경사뜨기의 되돌아뜨기 (뜨개 도안 참고)

※뒤꿈치 뜨는 법은 뜨개 도안 참고.

1단평
△ = 2-1-13
1-1-1 늘리기

4단평
▲ = 2-1-8 늘리기
단코 회

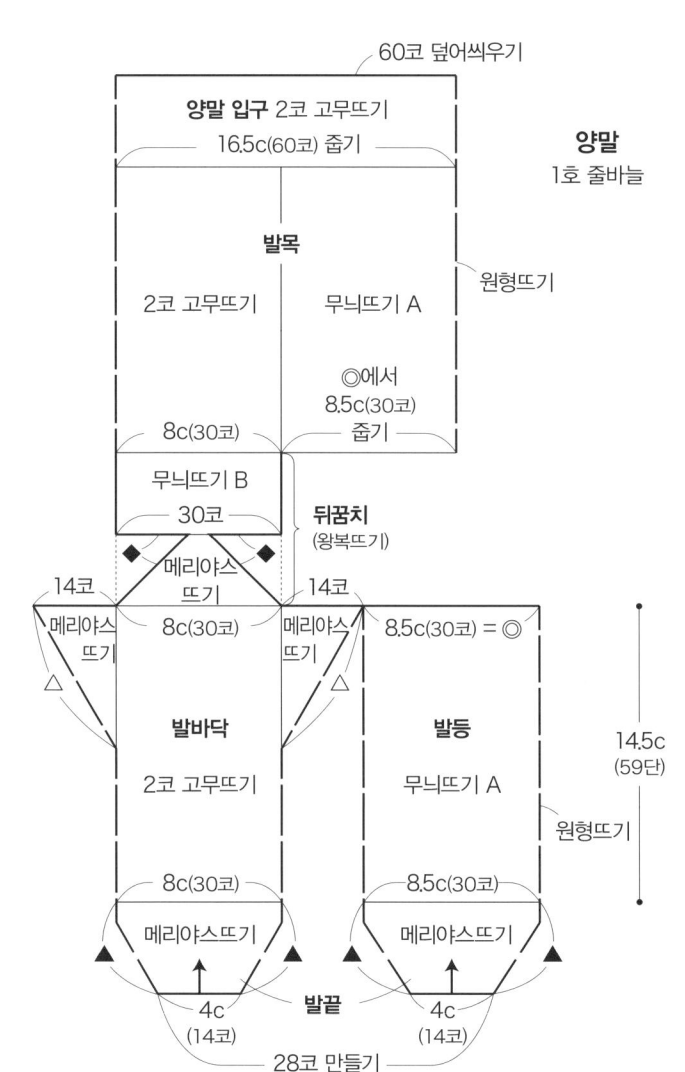

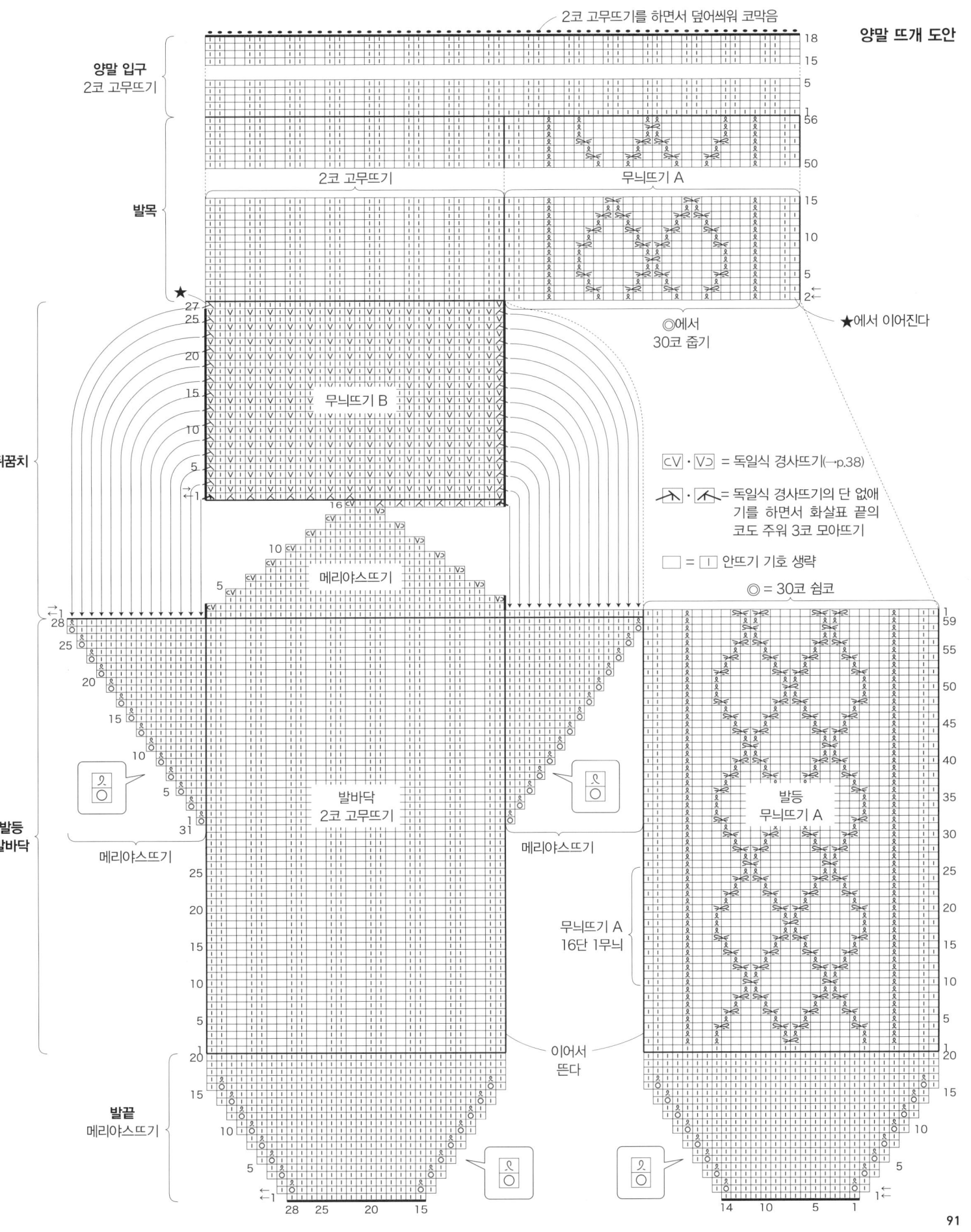

뜨개를 시작하기 전에

○ 제도 보는 법

약어

c = cm

평=콧수를 늘리거나 줄이지 않고 계속 뜬다

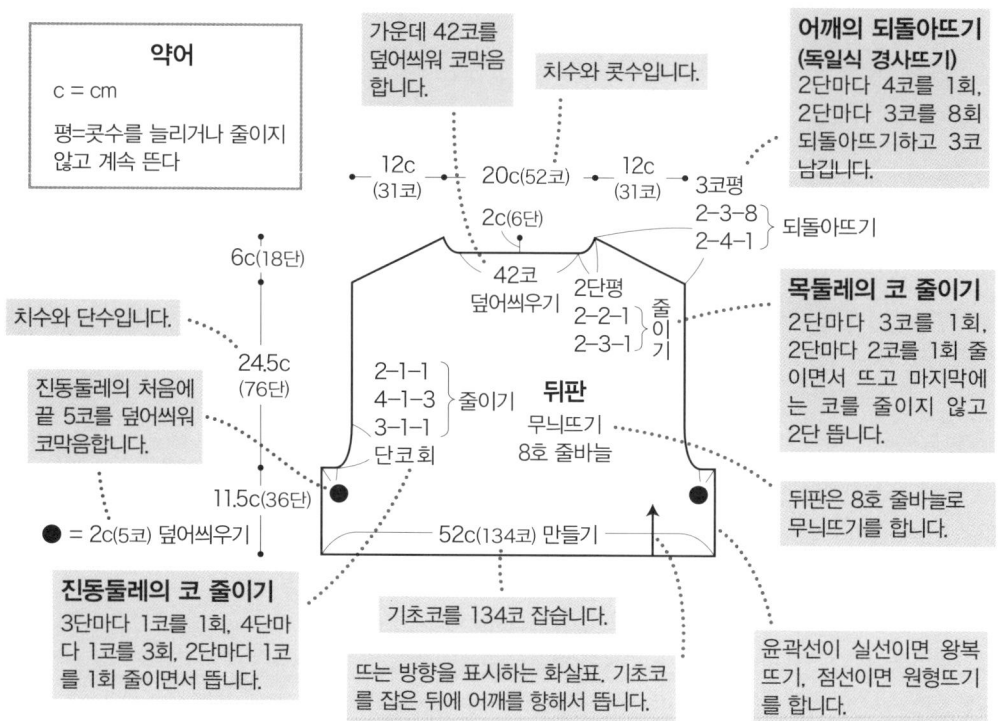

- 가운데 42코를 덮어씌워 코막음합니다.
- 치수와 콧수입니다.
- **어깨의 되돌아뜨기** (독일식 경사뜨기): 2단마다 4코를 1회, 2단마다 3코를 8회 되돌아뜨기하고 3코 남깁니다.
- **목둘레의 코 줄이기**: 2단마다 3코를 1회, 2단마다 2코를 1회 줄이면서 뜨고 마지막에는 코를 줄이지 않고 2단 뜹니다.
- 뒤판은 8호 줄바늘로 무늬뜨기를 합니다.
- 윤곽선이 실선이면 왕복뜨기, 점선이면 원형뜨기를 합니다.
- 또는 방향을 표시하는 화살표. 기초코를 잡은 뒤에 어깨를 향해서 뜹니다.
- 기초코를 134코 잡습니다.
- **진동둘레의 코 줄이기**: 3단마다 1코를 1회, 4단마다 1코를 3회, 2단마다 1코를 1회 줄이면서 뜹니다.
- ● = 2c(5코) 덮어씌우기
- 진동둘레의 처음에 끝 5코를 덮어씌워 코막음합니다.
- 치수와 단수입니다.

○ 게이지

'게이지(Gauge)'는 뜨개바탕의 밀도를 말하는 것으로 가로세로 10cm 안의 콧수와 단수로 표시합니다. 게이지는 뜨는 사람이 손에 얼마나 힘을 주는지에 따라 달라지므로 책에서 지정한 실과 뜨개바늘을 써도 똑같지 않습니다. 그러므로 반드시 시험뜨기를 해서 게이지를 잽니다.

시험뜨기한 뜨개바탕

뜨개바탕 가장자리에 가까운 부분은 코의 크기가 고르지 않으므로 가로세로 20cm를 뜹니다.

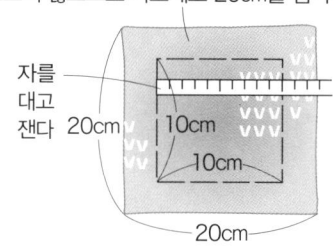

스팀다리미로 코가 눌리지 않을 정도로 살짝 다린 뒤에 가운데 부분의 가로세로 10cm 안의 콧수와 단수를 셉니다.

※책에 지정된 게이지보다 콧수와 단수가 많으면 코가 빡빡한 것이니 굵은 바늘로, 적으면 코가 느슨한 것이므로 가는 바늘로 바꿔서 조절하세요.

○ 대바늘뜨기 뜨개 도안 보는 법

- 세로 방향이 단이며 단수는 아래부터 셉니다.
- 작품에 따라서는 ─ 안뜨기 기호를 생략하기도 합니다.
- 기호가 없는 칸(빈칸)은 겉뜨기 기호를 생략한 것입니다.
- 기호가 있는 칸은 기호대로 뜹니다.
- □ = | 겉뜨기 기호 생략

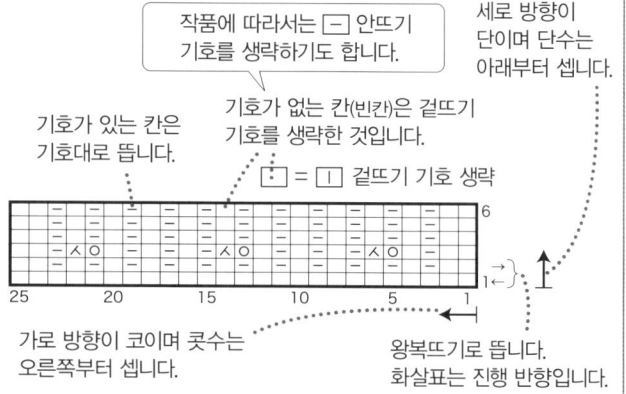

- 가로 방향이 코이며 콧수는 오른쪽부터 셉니다.
- 왕복뜨기로 뜹니다. 화살표는 진행 반향입니다.

○ 왕복뜨기와 원형뜨기

※이 책에 실린 작품은 주로 줄바늘을 사용했습니다.

왕복뜨기

뜨개바탕 끝에서 다른 끝까지 겉면과 안면을 1단씩 교대로 보면서 뜹니다.

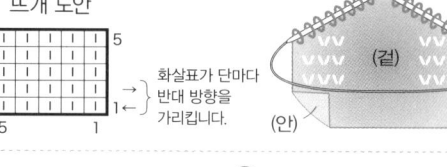

화살표가 단마다 반대 방향을 가리킵니다.

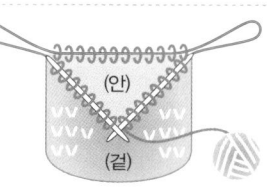

원형뜨기

항상 뜨개바탕의 겉면을 보면서 원통 모양으로 빙글빙글 돌아가며 뜹니다.

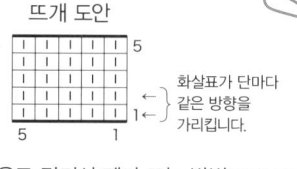

화살표가 단마다 같은 방향을 가리킵니다.

※줄바늘의 코드 부분을 좌우로 당겨서 빼며 뜨는 방법(매직 루프)(→p.39).

기초 테크닉

대바늘뜨기

○ 일반적인 기초코

①

엄지에 거는 실 (실 끝쪽)
검지에 거는 실 (실타래로 이어지는 실)

실 끝부터 뜨개 너비의 3~4배를 남긴 지점에서 고리를 만들고, 고리 속에서 실을 끌어내 한쪽 바늘에 겁니다. 이것이 1번째 코가 됩니다.

②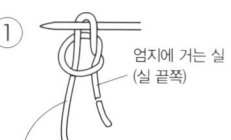

③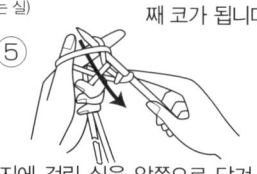

왼손 검지와 엄지에 실을 걸고, 남은 손가락으로 실을 누릅니다. 1번째 코를 오른손 검지로 살짝 누릅니다.

엄지의 바깥쪽 실에 화살표처럼 바늘을 넣어 겁니다.

④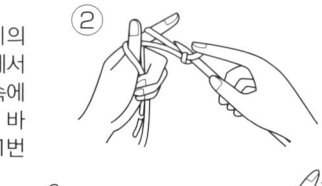

검지에 걸린 실에 화살표처럼 바늘을 넣어 겁니다.

⑤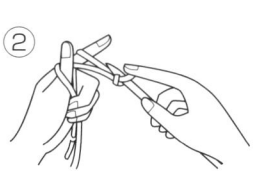

검지에 걸린 실을 앞쪽으로 당겨 엄지의 고리에서 끌어냅니다.

⑥ 엄지에 걸린 실을 벗깁니다.

⑦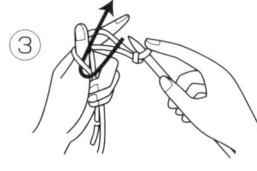

엄지에서 벗긴 실에 안쪽에서 엄지를 걸어 실을 가볍게 조입니다. ③~⑦을 반복합니다.

⑧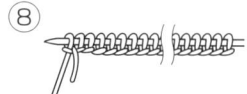

느슨하게 조이면서 필요한 콧수만큼 만듭니다. 이 기초코를 1단으로 셉니다.

나중에 푸는 기초코

별실로 필요한 콧수보다 5코 정도 많이 사슬뜨기를 느슨하게 합니다.

② 사슬코 산에 바늘을 넣어서 1단을 뜹니다.

③ 필요한 콧수만큼 뜹니다. 이 기초코를 단으로 셉니다.

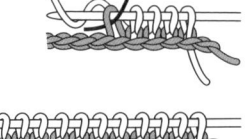

나중에 푸는 기초코의 코 줍기

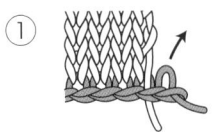

나중에 코를 주울 때는 별실로 뜬 사슬코를 풀면서 바늘에 코를 끼웁니다. 고리 안으로 바늘을 넣습니다.

케이블 코잡기 … p.39 (사진으로 과정 해설)   **주디스 매직 코잡기** … p.42 (사진으로 과정 해설)

○ 뜨개코 기호

I 겉뜨기 … p.68	Q 돌려뜨기 … p.70	ㅅ 왼코 겹쳐 2코 모아뜨기 … p.63	ω 감아코
— 안뜨기 … p.68	Q 돌려 안뜨기 … p.70	ㅅ 오른코 겹쳐 2코 모아뜨기 … p.63	
O 걸기코 … p.70	Q 돌려뜨기 늘림코 … p.70	ㅅ 왼코 겹쳐 2코 모아 안뜨기 … p.73	
✕ 오른코 교차뜨기 … p.74	Q 돌려 안뜨기 늘림코 … p.70	ㅅ 오른코 겹쳐 2코 모아 안뜨기 … p.73	
✕ 왼코 교차뜨기 … p.74	Q · Q … p.70		

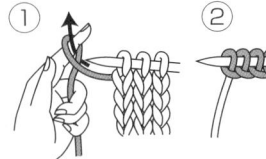

왼쪽 끝에서 왼손 손가락에 걸린 실을 화살표처럼 주워 손가락에서 실을 벗겨 조이고, 바늘에 감긴 코를 뜨개바탕 쪽으로 바짝 붙입니다.

③ 다음 단의 1번째 코는 그림처럼 뜹니다.

V 걸러뜨기

끝 코일 때

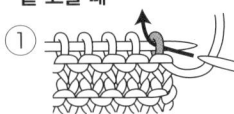

① 오른바늘을 화살표처럼 왼바늘의 코에 넣어서 뜨지 않고 옮깁니다.

② 실을 뒤쪽으로 넘기고 다음 코를 뜹니다.

도중의 코일 때

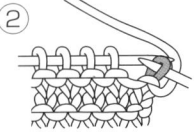 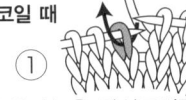

① 오른바늘을 화살표처럼 왼바늘의 코에 넣어서 뜨지 않고 옮깁니다.

※안면을 보고 뜰 때는 실을 코의 앞쪽으로 넘깁니다.

② 옮긴 코의 뒤쪽으로 실을 넘겨서 걸러뜨기를 완성했습니다.

ㅅ 오른코 겹쳐 3코 모아뜨기

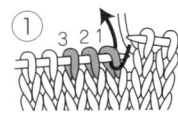

① 코 1에 오른바늘을 화살표처럼 넣어서 뜨지 않고 오른바늘로 옮깁니다.

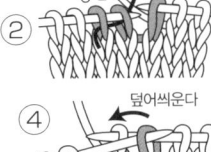

② 코 2와 코 3에 오른바늘을 화살표처럼 넣어서 왼코 겹쳐 2코 모아뜨기를 합니다.

③ 오른바늘로 옮긴 코 1에 왼바늘을 화살표처럼 넣습니다.

④ 덮어씌운다

⑤ 왼코 겹쳐 2코 모아뜨기를 한 코에 코 1을 화살표처럼 덮어씌웁니다. 오른코가 맨 위로 올라온 오른코 겹쳐 3코 모아뜨기를 완성했습니다.

ㅅ 왼코 겹쳐 3코 모아뜨기

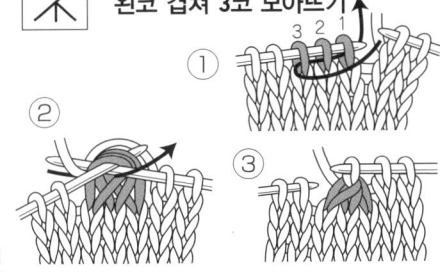

✕ 오른코 위 2코 교차뜨기

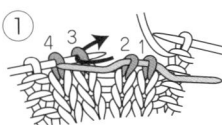

① 코 1, 코 2를 꽈배기바늘에 옮겨서 앞쪽에 쉬게 둡니다.

② 코 3, 코 4 순으로 겉뜨기합니다.

③ 꽈배기바늘에 쉬게 둔 코를 코 1, 코 2 순으로 겉뜨기합니다.

④ 오른코 위 2코 교차뜨기를 완성했습니다.

✕ 왼코 위 2코 교차뜨기

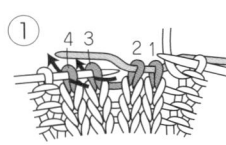

① 코 1, 코 2를 꽈배기바늘에 옮겨서 뒤쪽에 쉬게 둡니다.

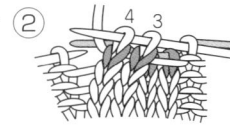

② 코 3, 코 4 순으로 겉뜨기합니다.

③ 꽈배기바늘에 쉬게 둔 코를 코 1, 코 2 순으로 겉뜨기합니다.

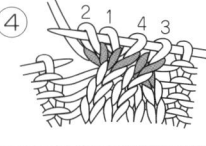

④ 왼코 위 2코 교차뜨기를 완성했습니다.

응용 교차뜨기

교차뜨기는 2코 이상의 코를 교차시킬 수 있습니다. 그렇다고 양쪽을 꼭 같은 콧수로 교차시키는 것도 아닙니다. 1코와 2코를 교차시키거나 한쪽을 안뜨기나 돌려뜨기하는 등 다양하게 응용할 수 있죠. 기호의 선 위아래가 의미하는 뜨개법을 잘 살펴보세요.

예 : 실선 쪽이 위에 오는 코가 됩니다.

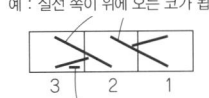

가로선은 안뜨기로 뜬다는 의미입니다.

코 1, 코 2를 꽈배기바늘에 옮겨서 앞쪽에 쉬게 두고, 코 3을 먼저 안뜨기합니다. 그다음에 쉬게 둔 코 1, 코 2를 순서대로 겉뜨기합니다.

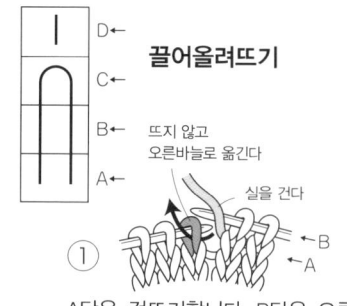 **끌어올려뜨기**

① A단은 겉뜨기합니다. B단은 오른바늘에 실을 건 후 A단의 코를 뜨지 않고 오른바늘로 옮깁니다.

② 오른바늘에 건 실이 빠지지 않게 조심하면서 다음 코를 뜹니다.

③ C단은 오른바늘에 실을 걸고, A·B단의 실을 뜨지 않고 오른바늘로 옮깁니다.

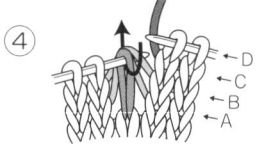
④ D단은 왼바늘에 걸린 A~C단의 실에 오른바늘을 한 번에 넣어 겉뜨기합니다.

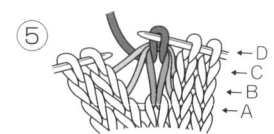
⑤ 끌어올려뜨기를 완성했습니다.

 3코 늘려뜨기

※ =

① 겉뜨기를 합니다.

② 왼바늘에서 코를 빼지 않고 오른바늘에 걸기 코를 합니다.

③ 오른바늘을 같은 코에 한 번 더 넣어서 겉뜨기하고 왼바늘에서 코를 뺍니다.

○ **배색무늬뜨기** ※특별히 지정하지 않을 때는 '안쪽으로 실을 걸치는 방법'으로 뜹니다.

안쪽으로 실을 걸치는 방법

바탕실을 뜰 때는 배색실을, 배색실로 뜰 때는 바탕실을 안면으로 걸치면서 뜹니다. 걸치는 실이 너무 당겨지거나 느슨해지지 않도록 주의하세요.

① 바탕실로 필요한 콧수만큼 떴으면 배색실로 바꿉니다. 이때 그림처럼 교차시키세요.

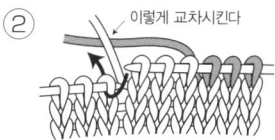
② 바탕실을 쉬게 두고 배색실로 뜹니다. 화살표처럼 바늘을 넣고, 쉬게 둔 바탕실로 뜹니다.

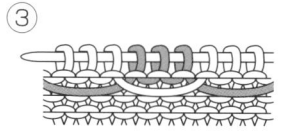
③ 안면은 이렇게 실이 걸쳐집니다.

○ **줄무늬 무늬뜨기의 실 바꾸는 법**

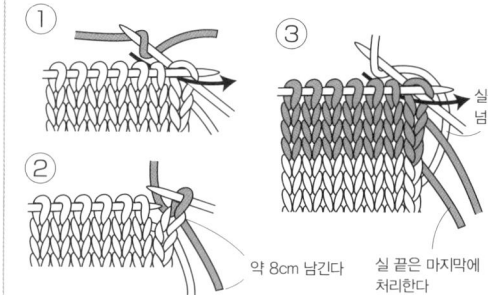

코위찬뜨기

바탕실을 뜰 때는 배색실을, 배색실로 뜰 때는 바탕실을 안면에서 얽으며 뜹니다. 실을 얽으면서 뜰 때 뜨개코가 느슨해지기 쉽고 특히 안면의 실이 늘어지면 겉면으로 나오므로 주의하세요.

겉뜨기로 뜨는 단

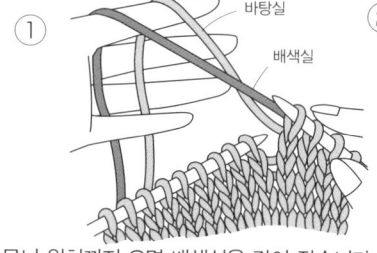
① 무늬 위치까지 오면 배색실을 같이 잡습니다. 그림처럼 실 2가닥을 왼손에 겁니다.

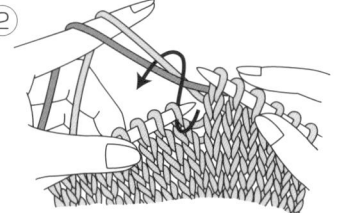
② 화살표처럼 바늘을 넣어 배색실 위를 통과시키고 바탕실을 바늘에 걸어 겉뜨기합니다.

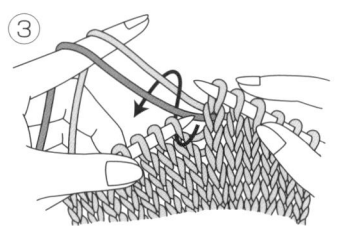
③ 다음 코는 화살표처럼 바늘을 넣어 배색실 아래를 통과시키고, 바탕실을 바늘에 걸어 겉뜨기합니다.

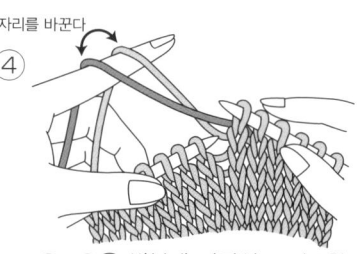
④ ②·③을 반복해 바탕실로 필요한 콧수만큼 뜹니다. 다음에 배색실로 뜰 때는 바탕실과 배색실 자리를 바꿔 왼손에 다시 겁니다.

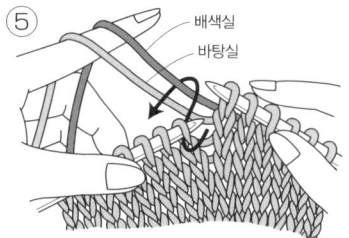
⑤ 화살표처럼 바늘을 넣어 바탕실 위를 통과시키고 배색실을 바늘에 걸어 겉뜨기합니다.

⑥ 다음 코는 화살표처럼 바늘을 넣어 바탕실 아래를 통과시키고, 배색실을 바늘에 걸어 겉뜨기합니다.

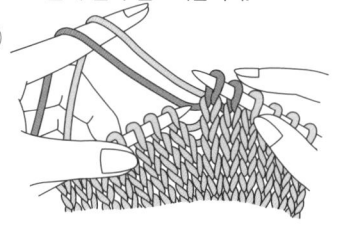
⑦ ⑤·⑥을 반복해 배색실로 필요한 콧수만큼 떴으면 다시 배색실과 바탕실 자리를 바꿔 왼손에 다시 걸고 바탕실로 뜹니다.

안뜨기로 뜨는 단

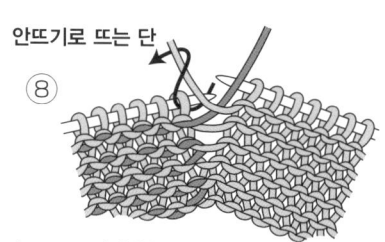
⑧ 무늬의 첫 코를 뜰 때는 바탕실이 앞에 오도록 교차시키고, 배색실을 위로 두고 바탕실로 안뜨기합니다.

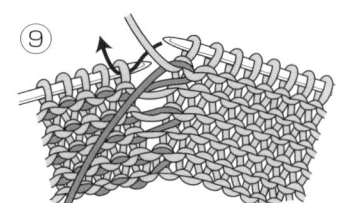
⑨ 다음 코는 바탕실이 앞에 오도록 교차시키고, 배색실을 아래로 두어 바탕실로 안뜨기합니다.

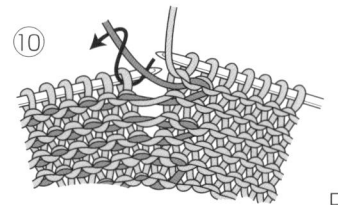
⑩ ⑧·⑨를 반복해 바탕실로 필요한 콧수만큼 떴으면, 이번에는 바탕실을 위로 두고 배색실로 안뜨기합니다.

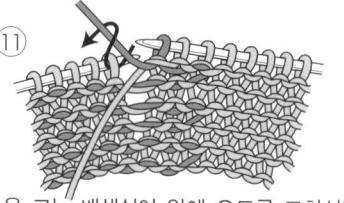
⑪ 다음 코는 배색실이 앞에 오도록 교차시키고, 바탕실을 아래로 두어 배색실로 안뜨기합니다. ⑩·⑪을 반복해 배색실로 필요한 만큼 떴으면 다시 바탕실로 뜹니다.

⑫ 겉으로 돌려 무늬의 첫 코를 뜰 때는 화살표처럼 배색실 아래를 통과시켜 바탕실로 겉뜨기합니다. 이때 배색실이 늘어져서 겉쪽으로 나오지 않도록 주의하세요.

주머니 뜨는 법

① 몸판을 뜨고 있는 바탕실을 쉬게 두고, 주머니 위치를 별실로 1단 뜹니다.

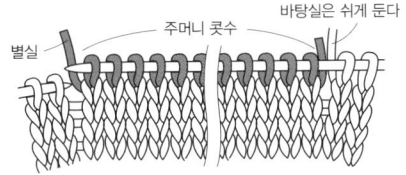

② 별실로 뜬 코를 왼바늘에 돌려놓고, 쉬게 둔 바탕실로 주머니 위치를 다시 한 번 뜬 뒤 그대로 마지막까지 뜹니다.

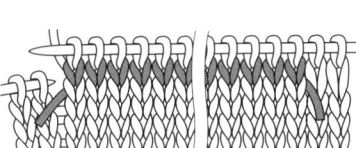

③ 별실을 넣어 뜬 부분을 안면에서 본 모습입니다. 별실을 풀고, 위쪽(▲)에서 안주머니를 줍고 아래 코(△)에서 주머니 입구를 줍습니다.

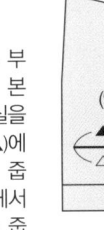
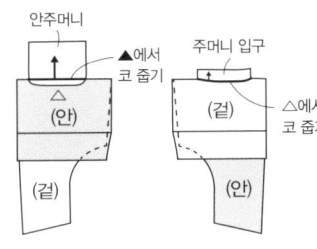
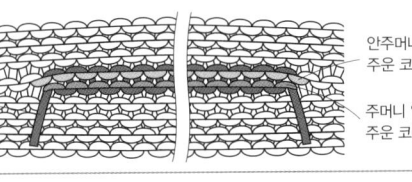

되돌아뜨기 CV · VC 독일식 경사뜨기 … p.38(사진으로 과정 해설) ※되돌아뜨기는 모두 '독일식 경사뜨기'로 뜹니다.

코막음

조여서 코막음

① 실을 마지막 단의 코에 통과시킵니다.
② 2회 통과시킨다
③ 실을 당겨서 조이고, 안면으로 넣어 뜨개바탕에 통과시켜 자릅니다.

덮어씌워 코막음

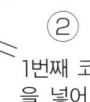
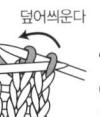

덮어씌우는 치수의 4~5배 길이의 실이 필요합니다.

① 1번째 코에 왼바늘을 넣어 2번째 코에 덮어씌웁니다.
② 덮어씌운다
③ '1코 뜨고 앞의 코를 덮어씌우는' 과정을 반복합니다.
④ 조인다 마지막 코에 실을 통과시키고, 당겨서 조입니다.

코바늘로 하는 덮어씌워 코막음

1코씩 코바늘에 옮겨서 실을 걸고 한 번에 빼 뜹니다.

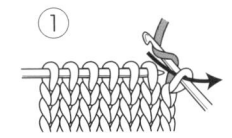
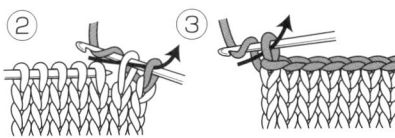

아이코드 코막음 … p.40(사진으로 과정 해설)

잇기·꿰매기

떠서 꿰매기   끝부터 1코 안쪽을 1단씩 뜹니다.

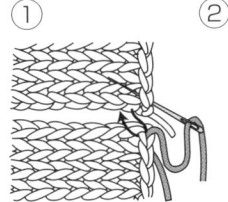
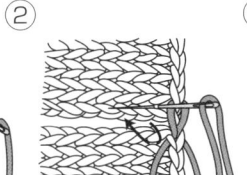
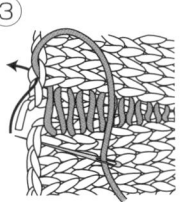

메리야스 잇기   이은 코가 겉뜨기로 보이도록 느슨하게 잇습니다.

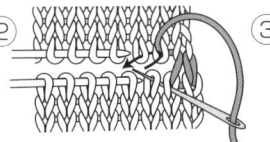
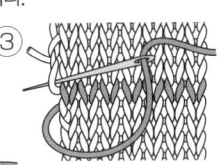

코와 단 잇기

코는 메리야스 잇기로, 단은 떠서 꿰매기로 교대로 뜹니다.

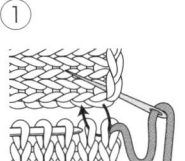
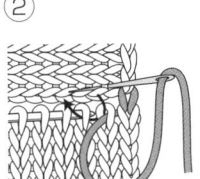
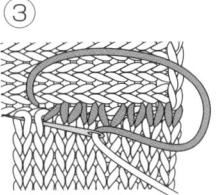

덮어씌워 빼뜨기로 잇기

뜨개바탕 2장을 겉면끼리 맞댄 후 앞 코에 코바늘을 넣고, 뒤 코를 화살표처럼 끌어냅니다. 앞 코는 바늘에서 뺍니다.

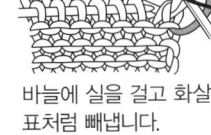
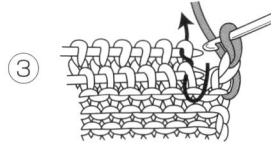
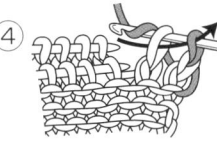

③ 화살표처럼 바늘을 넣어 ①처럼 뒤 코를 끌어냅니다.
④ 바늘에 실을 걸고 화살표처럼 한 번에 빼냅니다.
⑤ ③~④를 반복합니다.

빼뜨기로 잇기

뜨개바탕 2장을 겉면끼리 맞대고 한 코씩 코바늘에 옮긴 뒤 실을 걸어 한 번에 빼 뜹니다.

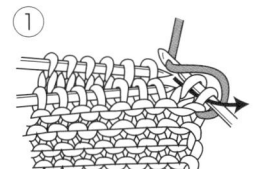
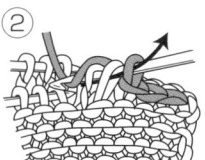
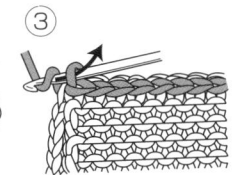

또 다른 방법

감침질

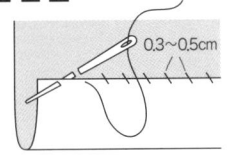

0.3~0.5cm

뜨개바탕 두께에 따라 실기둥 길이를 정한다

단추 달기

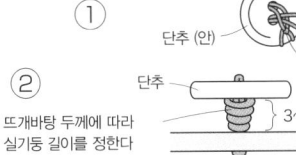

① 단추(안) 매듭
② 단추 3~4회 감는다 뜨개바탕

Lady Boutique Series No. 8316 KAZEKOUBOU NO SUKIWO AMU KNIT
Copyright ⓒ 2022 KAZEKOUBOU
All rights reserved.
Original Japanese edition published by BOUTIQUE-SHA, INC.
Korean translation rights ⓒ 2023 by Hans Media Inc.
Korean translation rights arranged with BOUTIQUE-SHA, INC. Tokyo
through Botong Agency, Seoul, Korea

이 책의 한국어판 저작권은 Botong Agency를 통한 저작권자와의 독점 계약으로 한스미디어가 소유합니다.
신 저작권법에 의하여 한국 내에서 보호를 받는 저작물이므로 무단전재와 무단복제를 금합니다.

바람공방(핫타 요코)

무대미술을 공부한 후, 20대부터 많은 수공예 잡지에 작품을 발표했다. 섬세한 레이스뜨기에서부터 다양한 색을 사용한 배색무늬까지 폭 넓은 작품을 소개했다. 최근에는 해외의 뜨개 잡지와 책에도 디자인을 제공하고 있다. 보그학원 및 NHK '멋지게 핸드메이드' 강사이며 워크숍 등을 통해서 손뜨개의 즐거움을 전하는 중이다.

바람공방의 마음에 드는 니트

1판 1쇄 인쇄 | 2023년 8월 4일
1판 1쇄 발행 | 2023년 8월 17일

지은이 바람공방(핫타 요코)
옮긴이 남궁가윤
펴낸이 김기옥

실용본부장 박재성
편집 실용2팀 이나리, 장윤선
마케터 이지수
판매 전략 김선주
지원 고광현, 김형식, 임민진

디자인 푸른나무디자인
인쇄·제본 민언프린텍

펴낸곳 한스미디어(한즈미디어(주))
주소 121-839 서울시 마포구 양화로 11길 13(서교동, 강원빌딩 5층)
전화 02-707-0337 | **팩스** 02-707-0198 | **홈페이지** www.hansmedia.com
출판신고번호 제 313-2003-227호 | **신고일자** 2003년 6월 25일

ISBN 979-11-6007-949-4 (13590)

책값은 뒤표지에 있습니다.
잘못 만들어진 책은 구입하신 서점에서 교환해 드립니다.
이 책에 게재되어 있는 작품을 복제하여 판매하는 것은 금지되어 있습니다.